JN063198

目　次
— Contents —

🎧 音声ファイル無料ダウンロード

本書内の 🎧 の表示がある箇所の音声は、下記方法にて無料でダウンロードできます。

※音声ファイルは、各パートのパート別バージョンと、テスト開始の挨拶から終了の合図までのテスト本番バージョンの2パターンございます。

ダウンロードパスワード：**hskkako2103**

◇ 📱 スマホ・タブレットから

"App Store"、"Google Play ストア" で HSK音声ポケット 🔍 を検索して無料アプリをインストール

【手順】
① 「MY ポケット」ページの 書籍を追加 をタップ
② 「書籍一覧」ページで、ダウンロードする書籍をタップ
③ 「PW 入力」ページに、ダウンロードパスワードを入力し、 ダウンロード をタップ

◆ 💻 パソコンから

URL：**https://ch-edu.net/hsk_kakomon2021/**

【手順】
①上記URLにアクセス
　（URLからアクセスする際は、検索欄ではなく、ページ上部のURLが表示されている部分に直接ご入力下さい。）
②アクセス先のページでダウンロードパスワードとメールアドレス等の必要事項を入力
③ご入力いただいたメールアドレス宛にダウンロードページURLが記載されたメールが届く
　（自動送信の為、ご入力いただいたメールアドレスに必ずお送りしています。受信しない場合は、迷惑メールフォルダー等をご確認下さい。それでも受信していない場合は再度初めからご登録下さい。）
④ダウンロードページにて音声（MP3）ファイルをダウンロード

※CDはご用意しておりませんのでご了承下さい。

はじめに

1. 本書について

○ 本書には、近年実施されたHSKの試験5回分の問題を収録しています。聴力問題の音声はすべて無料でダウンロードしていただけます。詳細は2ページをご覧ください。

○ 103ページからの解答・解説には、聴力問題のリスニングスクリプトと和訳、読解問題の和訳と解説、書写問題の和訳と解説を掲載しています。

○ 本書では、逐語訳を基本としていますが、訳文がなるべく自然な日本語となるよう、各文法要素が読み取れるような表現を使用しています。

2. 文法用語

解説では次の用語を使用しています。

文を構成するもの及び文の成分

・単語、連語 (=フレーズ)、節
・主語、述語、目的語、状語 (=連用修飾語)、定語 (=連体修飾語)、補語 (状態補語、程度補語、結果補語、方向補語、可能補語、数量補語)

品詞等

名詞、時間詞、場所詞、方位詞、数詞、量詞 (名量詞、動量詞)、数量詞、代詞 (人称代詞、指示代詞、疑問代詞)、動詞、能願動詞 (=助動詞)、形容詞、副詞 (一般副詞、否定副詞)、介詞、接続詞、助詞 (構造助詞、動態助詞、語気助詞)、感動詞、擬声詞、離合詞、成語、慣用語、接頭辞、接尾辞

HSK 概要

HSK とは？？

　　HSKは中国語能力検定試験 "**汉语水平考试**"（Hanyu Shuiping Kaoshi）のピインの頭文字をとった略称です。HSKは、中国政府教育部（日本の文部科学省に相当）が認定する世界共通の中国語の語学検定試験で、母語が中国語ではない人の中国語の能力を測るために作られたものです。現在、中国国内だけでなく、世界各地で実施されています。

Hanyu　**S**huiping　**K**aoshi
汉语　　水平　　考试

中国政府認定
世界共通のテスト

HSK の導入と試験内容

　HSKは、1990年に中国国内で初めて実施され、翌1991年から、世界各国で実施されるようになりました。

　2010年から導入されたHSKでは、これまで以上にあらゆるレベルの学習者に対応できるよう、試験難易度の幅を広げ、各段階での学習者のニーズを満たすことを目指しました。また、HSKは、中国語によるコミュニケーション能力の測定を第一の目的とした実用的な試験です。そのため、実際のコミュニケーションで使用する会話形式の問題や、リスニング、スピーキング能力の測定に重点をおいた試験となっています。

リスニング

会話形式の問題

コミュニケーション
能力を重視

HSK 受験のメリット

　HSKは、中国政府の認定試験であるため、中国において中国語能力の公的な証明として通用し、HSK証書は中国の留学基準や就職の際にも活用されています。

　また、2010年のリニューアルでは、ヨーロッパにおいて外国語学習者の能力評価時に共通の基準となるCEFR※1と合致するよう設計されたため、欧米各国の外国語テストとの互換性から難易度の比較がしやすく、世界のどの地域でも適切な評価を受けることが可能となりました。

中国語能力の測定基準

　⮕自分の中国語能力を測定することで、学習の効果を確認するとともに、学習の目標として設定することでモチベーション向上につながります。

企業への中国語能力のアピール

　⮕企業採用選考時の自己アピールとして中国語能力を世界レベルで証明できるだけでなく、入社後の実務においても中国語のコミュニケーション能力をアピールする手段になり、現地（中国）勤務や昇進等の機会を得ることにつながります。

中国の大学への留学や中国での就職

　⮕HSKは大学への本科留学の際に必要な条件となっています。また、中国国内での就職を考える際にも、中国語能力を証明するために必要な資格であると言えます。

日本国内の大学入試優遇

　⮕大学入試の際にHSKの資格保有者に対し優遇措置をとる大学が増えてきています。
　（詳細はHSK事務局HP：https://www.hskj.jp）

※1
CEFR（ヨーロッパ言語共通参照枠組み：Common European Framework of Reference for Languages: Learning, teaching, assessment）は、ヨーロッパにおいて、外国語教育のシラバス、カリキュラム、教科書、試験の作成時、および学習者の能力評価時に共通の基準となるもので、欧州評議会によって制定されたもの。学習者個人の生涯にわたる言語学習を、ヨーロッパのどこに住んでいても断続的に測定することができるよう、言語運用能力を段階的に明記している。

HSKでは、1級から6級までに級が分けられ、合否およびスコアによって評価されます。

難易度	級	試験の程度	語彙量	CEFR	
高	6級	中国語の情報をスムーズに読んだり聞いたりすることができ、会話や文章により、自分の見解を流暢に表現することができる。	5,000語以上の常用中国語単語	C2	熟達した言語使用者
	5級	中国語の新聞・雑誌を読んだり、中国語のテレビや映画を鑑賞したりでき、中国語を用いて比較的整ったスピーチを行うことができる。	2,500語程度の常用中国語単語	C1	
	4級	中国語を用いて、広範囲の話題について会話ができ、中国語を母国語とする相手と比較的流暢にコミュニケーションをとることができる。	1,200語程度の常用中国語単語	B2	自立した言語使用者
	3級	生活・学習・仕事などの場面で基本的なコミュニケーションをとることができ、中国旅行の際にも大部分のことに対応できる。	600語程度の基礎常用中国語単語及びそれに相応する文法知識	B1	
	2級	中国語を用いた簡単な日常会話を行うことができ、初級中国語優秀レベルに到達している。大学の第二外国語における第一年度履修程度。	300語程度の基礎常用中国語単語及びそれに相応する文法知識	A2	基礎段階の言語使用者
低	1級	中国語の非常に簡単な単語とフレーズを理解、使用することができる。大学の第二外国語における第一年度前期履修程度。	150語程度の基礎常用中国語単語及びそれに相応する文法知識	A1	

HSK3級 試験概要

HSK3級について

　HSK 3 級は、受験生の日常中国語の応用能力を判定するテストで、「中国語を使って、生活、学習、仕事等における基本的なコミュニケーションができる。中国旅行の時も大多数の場合において中国語で対応することができる」ことが求められます。主に週 2 ～ 3 回の授業を 1 年半（3 学期間）習い、600語程度の常用単語と文法知識を習得している者を対象としています。

試験内容

聴力（聞き取り）：約35分・放送回数2回

パート	形　式	問題数	配点
第 1 部分	放送される会話の内容に一致する写真を選ぶ	10題	
第 2 部分	放送される2つの短文の内容が一致するかを答える	10題	100点
第 3 部分	放送される短い会話の内容に関する問いに答える	10題	
第 4 部分	放送されるやや長い会話の内容に関する問いに答える	10題	

読解：30分

パート	形　式	問題数	配点
第 1 部分	意味が通る短文を組み合わせる	10題	
第 2 部分	文中の空所に適切な語句を補う	10題	100点
第 3 部分	短文の内容に関する問いに答える	10題	

書写：15分

パート	形　式	問題数	配点
第 1 部分	与えられた語句を並び替えて文を作る	5題	100点
第 2 部分	文中の空所に当てはまる漢字を答える	5題	

○試験開始の前に、解答用紙に必要事項を記入する時間が与えられます。
○聴力試験終了後に、解答用紙に記入する時間が予備として 5 分間与えられます。

○聴力、読解、書写の配点はそれぞれ100点、合計300点で評価されます。

○総得点180点が合格ラインです。

○HSK 3 級の成績報告には、聴力、読解、書写のそれぞれの得点および総得点が明記されます。

○成績報告は合否に関わらず受験者全員（試験無効者を除く）に送付され、発送には試験後約60日を要します。

○試験の約 1 か月後から、HSK公式ホームページ（https://www.hskj.jp）にて成績照会を行うことが可能（准考証号と姓名の入力が必要）です。

○採点は中国本部にて実施しており、配点・採点基準等につきましては非公開となっております。

○HSKの成績は、外国人留学生が中国の大学に入学するための中国語能力証明とする場合、その有効期間は受験日から起算して 2 年間とされています。

ここでは、試験当日の注意事項や、試験の概要を紹介します。

持ち物

試験当日の持ち物を確認しておきましょう。

□ 受験票
□ 身分証明書 (顔写真付きのもの)
□ 鉛筆 (2B以上の濃いもの)
□ 消しゴム
□ 時計 (携帯電話等は不可)

集合時間

受験票に記載されている集合時間を確認しておきましょう。

試験開始時刻の20分前に受付が開始されます。

試験開始時刻から試験の事前説明が始まり、これ以降は入室できなくなりますので注意しましょう。

試験の流れ

試験開始から終了までは次のような流れで進行します。

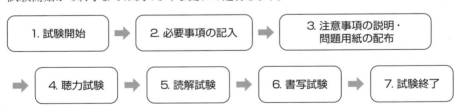

1. 試験開始 ➡ 2. 必要事項の記入 ➡ 3. 注意事項の説明・問題用紙の配布
➡ 4. 聴力試験 ➡ 5. 読解試験 ➡ 6. 書写試験 ➡ 7. 試験終了

次ページ以降では、試験の流れを詳しく見ていきます。

※ 3級の試験では、聴力試験の放送内容以外の指示は日本語で行われます。聴力試験の放送内容は20ページで紹介していますので、事前に確認しておきましょう。

1. 試験開始

試験開始時刻になると、事前説明が始まります。

2. 必要事項の記入

試験官の指示に従い、受験票に記載されている番号などを参考にして必要事項の記入を行いましょう。

① 姓名（名前）
② 中文姓名（中国語の名前：記入不要）
③ 考生序号（受験番号）
④ 考点代码（受験地番号）
⑤ 国籍（国籍：番号）
⑥ 年龄（年齢）
⑦ 性别（性別）

※③～⑥は左側の空欄に数字を記入したうえで、その横に並んでいる番号のうち、該当するものをそれぞれマークしてください。

■ 汉语水平考试 HSK（三级）答题卡 ■

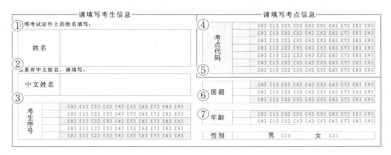

3. 注意事項の説明・問題用紙の配布

必要事項の記入が終わると、試験中の注意事項および試験の内容に関して、説明が行われます。その後、音量確認が行われ、問題用紙が配布されます。問題用紙は試験官から指示があるまで開封できません。

問題用紙に記載してある注意事項について、試験官から説明があります。

注意事項は次のとおりです。

> ① HSK3級の試験は3つの部分に分かれている。
> 1. 聴力（聞き取り）試験（40題、約35分間）
> 2. 読解試験（30題、30分間）
> 3. 書写試験（10題、15分間）
> ② 聴力試験の後、解答用紙に記入するための時間が5分間ある。
> ③ 試験時間は全部で約90分間（必要事項を記入する時間5分間を含む）。

※会場ごとに聴力試験、読解試験、書写試験の開始時間および終了時間が記入・掲示されますので、終了時間は会場ごとに異なる場合があります。

4. 聴力試験

説明の後、試験官より問題用紙開封と、聴力試験開始の合図があり、放送が開始します。

聴力試験中はすべての放送が中国語となります。聴力試験の試験時間は約35分間です。

※聴力試験の放送内容は20ページで紹介しています。

放送が終了すると、試験官より聴力試験終了の合図があります。

その後5分間が与えられますので、解答を書ききれなかった場合は、この時間で解答の記入を行います。

5. 読解試験

解答用紙の記入時間が終了すると、試験官より読解試験開始の合図があります。

読解試験の試験時間は30分間です。

読解試験終了の5分前に、一度アナウンスがあります。

6. 書写試験

読解試験終了時間になると、試験官より書写試験開始の合図があります。

書写試験の試験時間は15分間です。

書写試験終了の５分前に、一度アナウンスがあります。

7. 試験終了

試験終了時間になると、試験官が問題用紙と解答用紙を回収します。

これで試験は終了です。試験官の指示に従って退出しましょう。

問題形式の確認

HSK３級の試験では、各パートの初めに例題が用意されています。

ここでは、例題の内容と和訳を紹介しています。各パートの問題形式を、確認しておきましょう。

	パート	問題数	時間	配点
听力 （聴力）	第１部分	10 題	約 35 分間	100 点
	第２部分	10 題		
	第３部分	10 題		
	第４部分	10 題		
阅读 （読解）	第１部分	10 題	30 分間	100 点
	第２部分	10 題		
	第３部分	10 題		
书写 （書写）	第１部分	5 題	15 分間	100 点
	第２部分	5 題		

1 听 力

第1部分は、会話文の内容から写真を選択する問題です。
2人の会話文が2回ずつ読み上げられるので、会話の内容と一致する写真を選びましょう。写真は例題を除いて5つ与えられており、すべての選択肢が1回ずつ選ばれるようになっています。あらかじめ写真を見て、準備をしておきましょう。
問題は5問ずつのグループで2パターン（5問×2=10問）あります。

【例題】

　　A　　　　　　B　　　　　　C　　　　　　D　　　　　　E　　　　　　F

スクリプト　　**男：喂，请问张经理在吗？**

　　　　　　　女：他正在开会，您半个小时以后再打，好吗？

スクリプト和訳　　男：もしもし、お尋ねしますが張支配人はいらっしゃいますか？

　　　　　　　　女：彼は今会議中ですので、30分後またかけ直していただいてもよろしいですか？

　　　　　　　　　　　　　　　　　　　正解　D

第2部分は、正誤判断の問題です。問題文と、問題用紙にあらかじめ与えられた短文がそれぞれ2回ずつ読み上げられます。読み上げられる問題文の内容が、与えられている短文の内容と一致している場合には「✓」を、一致していない場合には「×」を選択しましょう。あらかじめ短文を読み、内容を確認しておきましょう。

【例題】

スクリプト　　**为了让自己更健康，他每天都花一个小时去锻炼身体。**

問　題　　★　**他希望自己很健康。**

スクリプト和訳	自分をさらに健康にさせるために、彼は毎日1時間かけて体を鍛えに行っています。
問題文和訳	★ 彼は自分の健康を望んでいる。　　　　　正解 ✓
スクリプト	今天我想早点儿回家。看了看手表，才五点。过了一会儿再看表，还是五点，我这才发现我的手表不走了。
問　　題	★ 那块手表不是说话人的。
スクリプト和訳	今日私は少し早く帰宅しようと思いました。腕時計をみると、やっと5時でした。しばらく経ってからまた腕時計をみると、やはり5時だったので、私はここでやっと腕時計が動いていないことが分かりました。
問題文和訳	★ その腕時計は話し手のものではない。　　　正解 ✕

第3部分

第3部分は、会話の内容に関する問題です。
2人の会話とその内容に関する問いがそれぞれ2回ずつ読み上げられます。
問いに対する答えとして正しいものを、与えられた3つの選択肢から選びましょう。あらかじめ3つの選択肢に目を通しておきましょう。

【例題】

スクリプト	男：小王，帮我开一下门，好吗？　谢谢！
	女：没问题。您去超市了？　买了这么多东西。
	问：男的想让小王做什么？
選択肢	A　开门　　B　拿东西　　C　去超市买东西
スクリプト和訳	男：王さん、ちょっと扉を開けるのを手伝ってくれませんか？ありがとう！
	女：構いません。あなたはスーパーマーケットに行ってきたのですね？　こんなにたくさんの物を買ってきたなんて。
	問題：男性は王さんに何をしてほしいのですか？

正解 A（扉を開ける）

第4部分は、会話の内容に関する問題です。2人の会話と会話の内容に関する問いがそれぞれ2回ずつ読み上げられます。問いに対する答えとして正しいものを、与えられた3つの選択肢から選びましょう。（第3部分の会話より少し長い会話です。）あらかじめ3つの選択肢に目を通しておきましょう。

【例題】

スクリプト

女：晚饭做好了，准备吃饭了。

男：等一会儿，比赛还有三分钟就结束了。

女：快点儿吧，我们一起吃。

男：你先吃，我马上就看完了。

问：男的在做什么？

選択肢　　A　洗澡　　B　吃饭　　C　看电视

スクリプト和訳
　女　：夕飯ができたわ。ご飯を食べる準備をしましょう。
　男　：ちょっと待って、試合があと3分ですぐに終わるから。
　女　：早く来て、私たち一緒に食べましょうよ。
　男　：君は先に食べててよ。もうすぐ見終わるから。
問題：男性は何をしていますか？

正解　C（テレビを見る）

2 阅 读

第 1 部分は、2 つの短文を意味が通るように組み合わせる問題です。与えられた短文に対し、関連（対応）する文を選びましょう。選択肢は例題を除いて 5 つ与えられており、すべての選択肢が 1 回ずつ選ばれるようになっています。問題は 5 問ずつのグループで 2 パターン（5 問×2 = 10問）あります。

【例題】

選 択 肢

A　太好了！　需要我帮忙吗?
B　今天把我饿坏了，还有什么吃的吗?
C　你最好再检查一下，看还有没有问题。
D　没问题，你就放心吧。
E　当然。我们先坐公共汽车，然后换地铁。
F　这条裤子你花了多少钱?

問　　題　你知道怎么去那儿吗?

問題文和訳　あなたはそこにどうやって行くかを知っていますか?

正解　**E**（もちろんです。私たちはまずバスに乗って、それから地下鉄に乗り換えます。）

第 2 部分

第 2 部分は、空所補充問題です。短文の空所部分に適切な語句を補い、意味の通る文章を作りましょう。語句の選択肢は例題を除いて 5 つ与えられており、すべての選択肢が 1 回ずつ選ばれるようになっています。

【例題】

選 択 肢

A　其实　　B　感冒　　C　附近

D　舒服　　E　声音　　F　把

問　　題　她说话的（　）多好听啊!

問題文和訳　彼女の話している［声］はなんときれいなのでしょう!

正解　**E**（声）

17

【例題】

選択肢　A　刻　　　B　一直　　　C　节

　　　　D　爱好　　E　被　　　　F　打扫

問題　A：你有什么（　）？

　　　B：我喜欢体育。

問題文和訳　A：あなたの［趣味］は何ですか?
　　　　　　B：僕はスポーツが好きです。　正解　D（趣味）

第3部分

第3部分は、文の内容に関する問題です。
問題文とその内容に関する問いが与えられています。問いに対する答えとして
正しいものを、与えられた3つの選択肢から選びましょう。

【例題】

問題　您是来参加今天会议的吗?　您来早了一点儿，现在才八点半。
　　　您先进来坐吧。

　　　★　会议最可能几点开始?

選択肢　A　8：00　　　B　8：30　　　C　9：00

問題文和訳　あなたは今日の会議に参加しにいらっしゃったのですか?　あな
　　　　　　たはちょっと早くいらっしゃいましたね、今8：30になったばかり
　　　　　　ですから。先に入ってお座りください。

　　　　　　★　会議は何時に始まる可能性が最も高いですか?

正解　C（9：00）

3 书 写

第1部分

第1部分は、語句の並べ替え問題です。与えられた語句をすべて1回ずつ使って、意味の通る文を作りましょう。解答は解答用紙に直接記入しましょう。

【例題】

問　題　　**小船　　河上　　一条　　有**

和　訳　　河の上には一艘の小さな船が　　　正解　河上有一条小船。
　　　　　あります。

第2部分

第2部分は、空所補充問題です。短文中の空所にあてはまる漢字を答えましょう。空所にはピンインが与えられていますので、ピンインに合う漢字を答えます。解答は解答用紙に直接記入しましょう。

【例題】

問　題　　**没（ guān ）系，别难过，高兴点儿。**

和　訳　　大丈夫です。落ち込まないで、楽しいことを
　　　　　考えてみましょう。　　　　　　正解　**关**

　ここでは聴力試験の放送内容を紹介しています。問題のスクリプトは解答・解説を参照してください。実際の試験で日本語は放送されません。

"大家好！欢迎参加HSK三级考试。"
「みなさん、こんにちは。HSK3級の試験にようこそ。」
（3回放送されます。）

"HSK三级听力考试分四部分，共40题。请大家注意，听力考试现在开始。"
「HSK3級の聴力試験は4つの部分に分かれており、全部で40題です。
それでは、今から聴力試験を始めますので、注意して聴いてください。」

その後、第1部分から順に放送が始まります。

各部分の初めには

"一共〇个题，每题听两次。"
「全部で〇題あり、各問題の音声は2回ずつ流れます。」

というアナウンスがあります。

続いて例題が放送され、

"现在开始第〇题。"
「それでは、第〇題から始めます。」

というアナウンスの後、問題が始まります。

すべての問題が終わると、

"听力考试现在结束。"
「これで聴力試験は終わります。」

とアナウンスがあり、試験官の指示が続きます。

汉语水平考试 HSK（三级）答题卡

━请填写考生信息━ ━请填写考点信息━

按照考试证件上的姓名填写：

姓名

如果有中文姓名，请填写：

中文姓名

考生序号	[0] [1] [2] [3] [4] [5] [6] [7] [8] [9]
	[0] [1] [2] [3] [4] [5] [6] [7] [8] [9]
	[0] [1] [2] [3] [4] [5] [6] [7] [8] [9]
	[0] [1] [2] [3] [4] [5] [6] [7] [8] [9]
	[0] [1] [2] [3] [4] [5] [6] [7] [8] [9]

考点代码	[0] [1] [2] [3] [4] [5] [6] [7] [8] [9]
	[0] [1] [2] [3] [4] [5] [6] [7] [8] [9]
	[0] [1] [2] [3] [4] [5] [6] [7] [8] [9]
	[0] [1] [2] [3] [4] [5] [6] [7] [8] [9]
	[0] [1] [2] [3] [4] [5] [6] [7] [8] [9]
	[0] [1] [2] [3] [4] [5] [6] [7] [8] [9]
	[0] [1] [2] [3] [4] [5] [6] [7] [8] [9]

国籍	[0] [1] [2] [3] [4] [5] [6] [7] [8] [9]
	[0] [1] [2] [3] [4] [5] [6] [7] [8] [9]
	[0] [1] [2] [3] [4] [5] [6] [7] [8] [9]

| 年龄 | [0] [1] [2] [3] [4] [5] [6] [7] [8] [9] |
| | [0] [1] [2] [3] [4] [5] [6] [7] [8] [9] |

性别　　　男 [1]　　　女 [2]

注意　　请用2B铅笔这样写：▬

一、听力

1. [A] [B] [C] [D] [E] [F]
2. [A] [B] [C] [D] [E] [F]
3. [A] [B] [C] [D] [E] [F]
4. [A] [B] [C] [D] [E] [F]
5. [A] [B] [C] [D] [E] [F]

6. [A] [B] [C] [D] [E] [F]
7. [A] [B] [C] [D] [E] [F]
8. [A] [B] [C] [D] [E] [F]
9. [A] [B] [C] [D] [E] [F]
10. [A] [B] [C] [D] [E] [F]

11. [✓] [✗]
12. [✓] [✗]
13. [✓] [✗]
14. [✓] [✗]
15. [✓] [✗]

16. [✓] [✗]
17. [✓] [✗]
18. [✓] [✗]
19. [✓] [✗]
20. [✓] [✗]

21. [A] [B] [C]
22. [A] [B] [C]
23. [A] [B] [C]
24. [A] [B] [C]
25. [A] [B] [C]

26. [A] [B] [C]
27. [A] [B] [C]
28. [A] [B] [C]
29. [A] [B] [C]
30. [A] [B] [C]

31. [A] [B] [C]
32. [A] [B] [C]
33. [A] [B] [C]
34. [A] [B] [C]
35. [A] [B] [C]

36. [A] [B] [C]
37. [A] [B] [C]
38. [A] [B] [C]
39. [A] [B] [C]
40. [A] [B] [C]

二、阅读

41. [A] [B] [C] [D] [E] [F]
42. [A] [B] [C] [D] [E] [F]
43. [A] [B] [C] [D] [E] [F]
44. [A] [B] [C] [D] [E] [F]
45. [A] [B] [C] [D] [E] [F]

46. [A] [B] [C] [D] [E] [F]
47. [A] [B] [C] [D] [E] [F]
48. [A] [B] [C] [D] [E] [F]
49. [A] [B] [C] [D] [E] [F]

51. [A] [B] [C] [D] [E] [F]
52. [A] [B] [C] [D] [E] [F]
53. [A] [B] [C] [D] [E] [F]
54. [A] [B] [C] [D] [E] [F]
55. [A] [B] [C] [D] [E] [F]

56. [A] [B] [C] [D] [E] [F]
57. [A] [B] [C] [D] [E] [F]
58. [A] [B] [C] [D] [E] [F]
59. [A] [B] [C] [D] [E] [F]
60. [A] [B] [C] [D] [E] [F]

61. [A] [B] [C]
62. [A] [B] [C]
63. [A] [B] [C]
64. [A] [B] [C]
65. [A] [B] [C]

66. [A] [B] [C]
67. [A] [B] [C]
68. [A] [B] [C]
69. [A] [B] [C]
70. [A] [B] [C]

三、书写

71.

72.

73.

74.

75.

76.　　　77.　　　78.　　　79.　　　80.

不要写到框线以外！

3 級 第 1 回

※テスト全体を通したテスト本番バージョンもダウンロード
　していただけます。
　（21K3Q-test1）

1 听力

第1部分 // 🎧 21K3Q1-1

第 1-5 题

A

B

C

D

E

F

例如： 男：喂，请问张经理在吗？

女：他正在开会，您半个小时以后再打，好吗？ D

1. ☐

2. ☐

3. ☐

4. ☐

5. ☐

A

B

C

D

E

6. ☐

7. ☐

8. ☐

9. ☐

10. ☐

第1回

第 **1** 回

第 11-20 题

例如：为了让自己更健康，他每天都花一个小时去锻炼身体。

    ★   他希望自己很健康。   (✓)

今天我想早点儿回家。看了看手表，才五点。过了一会儿再看表，还是五点，我这才发现我的手表不走了。

    ★   那块手表不是说话人的。   (✕)

11. ★ 太阳就要出来了。   ( )

12. ★ 书被放在教室的桌子上了。   ( )

13. ★ 那家饭店的菜很贵。   ( )

14. ★ 说话人比较喜欢晚上的公园。   ( )

15. ★ 说话人现在身体很好。   ( )

16. ★ 对中国人来说，黄河很重要。   ( )

17. ★ 那只熊猫习惯了新环境。   ( )

18. ★ 说话人可以一个人搬花瓶。   ( )

19. ★ 说话人每天都运动。   ( )

20. ★ 买衣服要先试再决定。   ( )

第 **3** 部分 21K3Q1-3

第 21-30 题

例如： 男：小王，帮我开一下门，好吗？ 谢谢！

女：没问题。您去超市了？ 买了这么多东西。

问：男的想让小王做什么？

A 开门 ✓　　　　　B 拿东西　　　　　C 去超市买东西

21. A 还钱　　　　　B 换钱　　　　　C 借钱

22. A 看比赛　　　　　B 看电影　　　　　C 打篮球

23. A 容易吃得多　　　　　B 不能好好睡觉　　　　　C 上班总是迟到

24. A 8：30　　　　　B 9：00　　　　　C 9：30

25. A 成绩很好　　　　　B 要考试了　　　　　C 不喜欢体育

26. A 宾馆　　　　　B 饭店　　　　　C 医院

27. A 水　　　　　B 咖啡　　　　　C 啤酒

28. A 请人帮忙　　　　　B 自己检查　　　　　C 不用电脑

29. A 很便宜　　　　　B 太大了　　　　　C 白色的更好

30. A 要结婚了　　　　　B 一定会参加　　　　　C 今天不高兴

第 **4** 部分

第 31-40 题

例如： 女：晚饭做好了，准备吃饭了。

男：等一会儿，比赛还有三分钟就结束了。

女：快点儿吧，我们一起吃。

男：你先吃，我马上就看完了。

问：男的在做什么？

A 洗澡　　　　　B 吃饭　　　　　C 看电视 ✓

31. A 不矮　　　　　B 不胖　　　　　C 很健康

32. A 同事　　　　　B 夫妻　　　　　C 邻居

33. A 银行　　　　　B 洗手间　　　　C 公共汽车上

34. A 工作　　　　　B 跳舞　　　　　C 回家

35. A 爬山　　　　　B 游泳　　　　　C 去图书馆

36. A 会迟到　　　　B 买不到票　　　C 不认识车站

37. A 一辆车　　　　B 新手机　　　　C 一只小狗

38. A 现在　　　　　B 一周以后　　　C 一个月以后

39. A 想买酒　　　　B 去上班　　　　C 接丈夫回家

40. A 超市　　　　　B 汽车站　　　　C 动物园

2 阅 读

第 **1** 部分

第 41-45 题

A 是的，怎么还不到呢？ 往东走，对吧？

B 你不用等我了，我还要再发个电子邮件。

C 旧的不去，新的不来。我送你一个新的吧。

D 好的，最近天气变化很快，要多注意身体。

E 当然。我们先坐公共汽车，然后换地铁。

F 因为他是一个很热情的人。

例如： 你知道怎么去那儿吗？　　　　　　　　　　　　（　E　）

41.我爬山的时候帽子被风刮走了！　　　　　　　　　　（　　　）

42.我们走了半个多小时了吧？　　　　　　　　　　　　（　　　）

43.五点半了，该下班了。　　　　　　　　　　　　　　（　　　）

44.根据我对他的了解，他一定会帮你这个忙的。　　　　（　　　）

45.经理，我生病了，想请一天假。　　　　　　　　　　（　　　）

第46-50题

A 老张的女儿。她做事非常认真。

B 好的，主要是刚才太渴了。

C 如果你不去，小林一定会很生气的。

D 我觉得右边的更好看。

E 我们坐地铁吧。北门有一个地铁站，坐地铁去很方便的。

46. 那个拿着笔记本的人是谁？ （　　）

47. 你看，这双皮鞋还不错。 （　　）

48. 你少喝点儿饮料。 （　　）

49. 我明天不想参加同学会了呢。 （　　）

50. 现在这个时间打车太难了。 （　　）

第 51-55 题

A 照相机	B 方便	C 新鲜
D 坏	E 声音	F 双

例如： 她说话的 （ E ）多好听啊！

51. 你什么时间（　　　），我跟你电话聊聊这个事。

52. 我的行李箱（　　　）了，要去买一个新的。

53. 为了买到更（　　　）的菜，爷爷很早就去了超市。

54. 请帮我拿一（　　　）筷子来，我习惯用筷子吃饭。

55. 这个（　　　）是她妈妈送的，对她很重要。

第 56-60 题

A 终于	B 种	C 要求
D 爱好	E 向	F 同意

例如： A：你有什么（ D ）？

B：我喜欢体育。

56. A：我没听清楚经理说的（　　　），你能再告诉我一下吗？

B：好的。

57. A：妈妈，您（　　　）我今晚出去玩儿了？

B：是的，但你要小心点儿。

58. A：我们离宾馆还有多远？

B：不远，一直（　　　）前走，到红绿灯那儿就能看到了。

59. A：王阿姨在她40岁时（　　　）结婚了。

B：你要相信，爱可能会迟到，但总是会遇到的。

60. A：我觉得这几（　　　）面包都很好吃，我买哪个呢？

B：你可以都买下来。

第 61-70 题

例如：您是来参加今天会议的吗？ 您来早了一点儿，现在才八点半。您先
进来坐吧。

★ 会议最可能几点开始？

A 8：00 B 8：30 C 9：00 ✓

61. 我跟小明从小一起长大，他还是我的小学同桌，我们两个关系很好，周
末经常一起去打球。

★ 关于说话人，可以知道：

A 非常聪明 B 喜欢踢球 C 跟小明关系好

62. 为了欢迎新同事，我们打算去买个蛋糕，但附近找不到蛋糕店，所以我
们决定把蛋糕换成其他小礼物。

★ 说话人为什么后来不买蛋糕了？

A 新同事不爱吃 B 附近没蛋糕店 C 买了其他礼物了

63. 感冒会让我们非常不舒服。如果感冒了，要记得吃药，多喝水，还要注
意休息。

★ 根据这段话，感冒时：

A 要多休息 B 一定会发烧 C 不需要吃药

64. 下个月我要去南方的一个城市，听说那里的菜比较甜，我很担心自己会不习惯。

    ★   说话人在担心什么？

    A 吃得太饱   B 不能经常锻炼   C 不习惯那里的菜

65. 开车水平再高也要小心，不能着急，特别是在学校、医院附近，一定要慢下来，边开边注意路上的人。

    ★   根据这段话，在哪里开车一定要慢？

    A 医院附近   B 公园门口   C 商店旁边

66. 同学们，请看黑板！ 虽然我们班只有三个人做对了这个数学题，但只要认真听我讲一次，你们马上就会发现它其实不难。

    ★   说话人可能是：

    A 经理   B 老师   C 医生

67. 对中国人来说，"吃"很重要。他们会花很多时间做菜，不但要把菜做得好吃，而且还要把菜做得好看。

    ★   中国人对菜的要求是：

    A 一定要贵   B 要做得好看   C 要有很多肉

68. 邻居张奶奶很喜欢小猫，她说等我过年回家的时候，她愿意帮忙照顾我的猫。

★ 根据这段话，可以知道张奶奶：

A 喜欢猫   B 很爱干净   C 过年要去旅游

69. 离上课只有五分钟了，前面还有好多人，再等下去可能会迟到，还是先走吧，等到第一节课下课以后，再来买早饭。

★ 说话人想先做什么？

A 买早饭   B 去上课   C 跑跑步

70. 城市的变化太快了！ 小时候，爸爸都是骑自行车送我去上学，三十多年过去了，现在人们都是开车送孩子去学校，学校门口经常能看见很多车。

★ 以前爸爸是怎么送说话人去学校的？

A 走路   B 开车   C 骑自行车

3 书 写

第1部分

第 71-75 题

例如：小船　　河上　　一条　　有

　　　　<u>河上有一条小船。</u>

71. 老师让我们　　楼梯　　打扫一下

72. 一个花瓶　　椅子上　　放着

73. 你一定要　　写清楚　　把　　字

74. 天　　蓝　　多么　　啊

75. 都　　解决了　　问题　　被

第 76-80 题

例如：没 (关 _{guān}) 系，别难过，高兴点儿。

76. 我特别想参加这个 (_{bǐ}) 赛。

77. 我的伞在我 (_{bāo}) 里，那把不是我的。

78. 坐了四个小 (_{shí}) 的车，终于到南京了。

79. 妹妹在学习画画儿，她买了很多种颜 (_{sè}) 的铅笔。

80. 我们喜欢吃的面条儿，已经有四千多 (_{nián}) 的历史了。

3級第2回

※テスト全体を通したテスト本番バージョンもダウンロード
　していただけます。
　（21K3Q-test2）

第 1-5 题

A 　　　　　B

C 　　　　　D

E 　　　　　F

例如：　男：喂，请问张经理在吗？

　　　　女：他正在开会，您半个小时以后再打，好吗？　　　　D

1.

2.

3.

4.

5.

A  B

C  D

E

6. ☐

7. ☐

8. ☐

9. ☐

10. ☐

第 11-20 题

例如：为了让自己更健康，他每天都花一个小时去锻炼身体。

★　他希望自己很健康。　　　　　　　　　　　(✓)

今天我想早点儿回家。看了看手表，才五点。过了一会儿再看表，还是五点，我这才发现我的手表不走了。

★　那块手表不是说话人的。　　　　　　　　　(✗)

11. ★　那条河在公园的南边。　　　　　　　　(　)

12. ★　丁小丽没参加周末的运动会。　　　　　(　)

13. ★　飞机今天可以起飞。　　　　　　　　　(　)

14. ★　那条裤子是蓝色的。　　　　　　　　　(　)

15. ★　说话人最爱夏天。　　　　　　　　　　(　)

16. ★　说话人很喜欢学历史。　　　　　　　　(　)

17. ★　说话人的帽子不见了。　　　　　　　　(　)

18. ★　家里的冰箱太旧了。　　　　　　　　　(　)

19. ★　说话人很想结婚。　　　　　　　　　　(　)

20. ★　妈妈认为小张太瘦了。　　　　　　　　(　)

第 21-30 题

例如： 男：小王，帮我开一下门，好吗？ 谢谢！

女：没问题。您去超市了？ 买了这么多东西。

问：男的想让小王做什么？

A 开门 ✓　　B 拿东西　　C 去超市买东西

21. A 饮料　　B 裙子　　C 衬衫
22. A 很爱笑　　B 个子矮　　C 头发长
23. A 吃得健康　　B 不用上班　　C 经常爬山
24. A 晚上有事　　B 不想看电影　　C 想认识其他人
25. A 医院　　B 超市　　C 图书馆
26. A 觉得很冷　　B 忘吃药了　　C 衣服穿得少
27. A 搬家　　B 打球　　C 看牙医
28. A 走路　　B 坐地铁　　C 坐出租车
29. A 桌子上　　B 钱包里　　C 洗手间
30. A 二楼　　B 三楼　　C 五楼

第 31-40 题

例如：　女：晚饭做好了，准备吃饭了。

　　　　男：等一会儿，比赛还有三分钟就结束了。

　　　　女：快点儿吧，我们一起吃。

　　　　男：你先吃，我马上就看完了。

　　　　问：男的在做什么？

　　　　A　洗澡　　　　　　　B　吃饭　　　　　　　C　看电视　✓

31. A　学汉语　　　　　　　B　找工作　　　　　　C　查成绩

32. A　茶　　　　　　　　　B　笔　　　　　　　　C　咖啡

33. A　没有请假　　　　　　B　要迟到了　　　　　C　下周有考试

34. A　花儿　　　　　　　　B　雨伞　　　　　　　C　杯子

35. A　不爱干净　　　　　　B　爱听音乐　　　　　C　常大声唱歌

36. A　更新鲜　　　　　　　B　非常甜　　　　　　C　比较大

37. A　腿疼　　　　　　　　B　耳朵红了　　　　　C　鼻子不舒服

38. A　太累了　　　　　　　B　钱很少　　　　　　C　下班早

39. A　不喜欢吃　　　　　　B　想给鸟吃　　　　　C　吃得太多了

40. A　鱼　　　　　　　　　B　羊肉　　　　　　　C　啤酒

2 阅 读

第**1**部分

第 41-45 题

A 我感冒了，在家休息了一天。

B 明天中午11点吧。

C 是啊，我前面有12个人呢！ 不知道要等多长时间。

D 先生，请问您想吃点儿什么？

E 当然。我们先坐公共汽车，然后换地铁。

F 我旁边这个吗？ 是我爷爷。

例如： 你知道怎么去那儿吗？ (E)

41．我先看看菜单。 ( )

42．站在中间的这个人是谁？ ( )

43．你昨天怎么没来上班？ ( )

44．我们什么时候见面？ ( )

45．今天银行里人真多！ ( )

第 46-50 题

A 这个句子是什么意思？

B 电梯坏了，我是爬楼梯上来的。

C 小林，几个星期不见，你怎么瘦了？

D 不客气，我女儿和他玩儿得很高兴。

E 你今天一个人在家，别总是看电视、玩儿电脑。

46. 知道了，在你下班以前，我一定会完成作业的！ （   ）

47. 谢谢你帮我照顾儿子！ （   ）

48. 你看起来有点儿累，怎么了？ （   ）

49. 我也不明白，去问问老师吧。 （   ）

50. 其实我吃得不少，可能是最近工作太忙了吧。 （   ）

第 51-55 题

A 生气   B 以前   C 了解

D 瓶子   E 声音   F 清楚

例如： 她说话的（ E ）多好听啊！

51. 昨天我在回家的路上遇到（   ）的小学同学王刚了。

52. 离得太远了，我看不（   ）。

53. 你就别再（   ）了，她还是小孩子，下次就不会这样了。

54. 我学中文是因为我希望自己能多（   ）中国文化。

55. 包里面有个（   ），你帮我拿出来。

第 56-60 题

A 回答   B 灯   C 比较

D 爱好   E 着急   F 先

例如： A：你有什么（ D ）？

        B：我喜欢体育。

56. A：几点了？ 房间里怎么这么黑？

    B：我去把（   ）打开吧。

57. A：你别（   ），慢慢说。

    B：刚才你丈夫打电话找你，说你儿子生病了，让你快去医院。

58. A：饭什么时候能做好？

    B：马上就能吃了，你（   ）去洗手。

59. A：小李，你能（   ）这个问题吗？

    B：可以，我昨天复习了。

60. A：请问我们的菜怎么还没有上？

    B：对不起，今天店里的客人（   ）多。

例如：您是来参加今天会议的吗？ 您来早了一点儿，现在才八点半。您先
　　　进来坐吧。

　　　★　会议最可能几点开始？

　　A　8：00　　　　　　　B　8：30　　　　　　C　9：00　✓

61. 虽然我们没拿到第一，但我还是很高兴，因为在这次比赛中，我认识了
　　很多和我一样爱打篮球的朋友。

　　★　说话人高兴是因为：

　　A　拿了第一　　　　　B　刚才跑步了　　　C　认识了新朋友

62. 我妈一开始不同意我学音乐，但我没听她的话。我那时非常喜欢音乐，
　　就试着自己学，还参加了一些比赛，后来慢慢地也有名了。

　　★　说话人：

　　A　后来有名了　　　　B　对音乐不感兴趣　　C　认为妈妈说得对

63. 这是我们班的书，你先把它们搬到教室，然后再来办公室把大家的作业
　　拿回去。

　　★　书要搬到：

　　A　教室　　　　　　　B　体育馆　　　　　C　办公室

64. 昨天出门前，我只检查了机票和钱包，到机场后才发现忘记带护照了。还好我出来得早，回家去拿了以后还是坐上了飞机。

    ★ 说话人遇到了什么问题？

    A 出门晚了　　　　　B 没有坐上飞机　　C 忘记带护照了

65. 我从小就很怕水，所以最害怕游泳，在学校里一上游泳课我就想哭。

    ★ 说话人害怕：

    A 洗澡　　　　　　　B 游泳　　　　　　C 喝酒

66. 今天来上课的路上，自行车突然坏了。正在我不知道怎么办的时候，一个老爷爷告诉我他可以帮我看看，只用了一会儿，自行车就能骑了。

    ★ 说话人怎么了？

    A 太渴了　　　　　　B 不记得路了　　　C 自行车坏了

67. 我奶奶已经80岁了，但她觉得自己还年轻，经常让我教她用电脑。现在她会用电脑聊天儿了，前两天跟我说她想学习怎么在网上买东西。

    ★ 说话人的奶奶会用电脑：

    A 买东西　　　　　　B 聊天儿　　　　　C 发电子邮件

68. 我们常遇到这样的事情：努力了很久，成绩还是没提高，然后对学习越来越没有热情。其实这时我们应该相信：努力下去，一定会好起来的。

★ 这段话主要想告诉我们：

A 要努力　　　　　B 热情最重要　　　　C 选择越多越好

69. 我跟王小明为什么关系这么好？ 那是因为我爸和他爸是同事，每天不是他爸送我们去学校，就是我爸送，我们两个几乎天天一起上学放学。时间久了，我们就慢慢地是好朋友了。

★ 说话人和王小明：

A 关系不错　　　　B 爱好一样　　　　C 不在一个学校

70. 妹妹工作十年后，突然觉得对现在的工作不是很满意，就决定出国留学。虽然留学要花很多钱，但是她觉得能学到的东西的话，花再多钱她也愿意。

★ 妹妹：

A 想出国留学　　　B 没花多少钱　　　C 不愿意离开家

3 书 写

第 1 部分

第 71-75 题

例如：小船　　　河上　　　一条　　　有

　　　河上有一条小船。

71. 办公室　　　校长　　　不在

72. 他每天　　　半个小时的游戏　　　玩儿　　　都　　　会

73. 干净　　　爸爸把　　　盘子　　　洗　　　了

74. 你的　　　借　　　我想　　　笔记本

75. 他们班的　　　真　　　节目　　　好看

第 76-80 题

例如：没 （ 关 ^{guān} ）系，别难过，高兴点儿。

76. 饭前洗手是个好 （ ^{xí} ）惯。

77. 这是您 （ ^{mǎi} ）的苹果，一共八块。

78. 这些老照片会帮助你了解这个 （ ^{chéng} ）市50年来的变化。

79. 这饮料 （ ^{tài} ）甜了，我不喜欢喝。

80. 想了好几天，他终于解决了那个 （ ^{wèn} ）题。

第2回

3 級第 3 回

※テスト全体を通したテスト本番バージョンもダウンロード
　していただけます。
　（21K3Q-test3）

第**1**部分

第 1-5 题

A

B

C

D

E

F

例如： 男：喂，请问张经理在吗？

女：他正在开会，您半个小时以后再打，好吗？ D

1. ☐

2. ☐

3. ☐

4. ☐

5. ☐

A

B

C

D

E

6. ☐

7. ☐

8. ☐

9. ☐

10. ☐

第 11-20 题

例如：为了让自己更健康，他每天都花一个小时去锻炼身体。

　　★　他希望自己很健康。　　　　　　　　　　（　✓　）

今天我想早点儿回家。看了看手表，才五点。过了一会儿再看表，还是五点，我这才发现我的手表不走了。

　　★　那块手表不是说话人的。　　　　　　　（　×　）

11．★　张东会游泳。　　　　　　　　　　　（　　　）

12．★　说话人在给留学生办公室打电话。　　　（　　　）

13．★　说话人的生日是二〇〇〇年十二月一日。（　　　）

14．★　他们花了一百多块钱。　　　　　　　　（　　　）

15．★　弟弟比姐姐睡得晚。　　　　　　　　　（　　　）

16．★　小文在向说话人借书。　　　　　　　　（　　　）

17．★　说话人没带作业。　　　　　　　　　　（　　　）

18．★　说话人很想回国工作。　　　　　　　　（　　　）

19．★　儿子最喜欢狗。　　　　　　　　　　　（　　　）

20．★　下周不上汉语课。　　　　　　　　　　（　　　）

第 21-30 题

例如： 男：小王，帮我开一下门，好吗？ 谢谢！

女：没问题。您去超市了？ 买了这么多东西。

问：男的想让小王做什么？

A 开门 ✓　　　　　B 拿东西　　　　　C 去超市买东西

21. A 牙疼　　　　　B 脚疼　　　　　C 腿疼

22. A 比较胖　　　　B 蓝眼睛　　　　C 高个子

23. A 太忙了　　　　B 没兴趣　　　　C 听不懂

24. A 左边的　　　　B 中间的　　　　C 右边的

25. A 更便宜　　　　B 有空调　　　　C 时间短

26. A 照片没了　　　B 书不见了　　　C 找不到家人

27. A 妈妈　　　　　B 阿姨　　　　　C 女朋友

28. A 车太旧了　　　B 车太矮了　　　C 颜色不好看

29. A 留学　　　　　B 结婚　　　　　C 上大学

30. A 晴天　　　　　B 下雨　　　　　C 阴天

第 31-40 题

例如: 女:晚饭做好了,准备吃饭了。

男:等等一会儿,比赛还有三分钟就结束了。

女:快点儿吧,我们一起吃。

男:你先吃,我马上就看完了。

问:男的在做什么?

A 洗澡 　　　 B 吃饭 　　　 C 看电视 ✓

31. A 不要喝奶茶 　　B 别喝甜饮料 　　C 自己做奶茶

32. A 去上课 　　B 去爬山 　　C 在家里

33. A 爱读书 　　B 做事努力 　　C 每天很忙

34. A 打球 　　B 请假 　　C 问问题

35. A 太冷了 　　B 不爱锻炼 　　C 天气变化大

36. A 老师教的 　　B 自己看到的 　　C 男的介绍的

37. A 包里 　　B 衬衫里 　　C 行李箱里

38. A 换鞋 　　B 休息 　　C 去洗手间

39. A 会议室 　　B 笔记本 　　C 一个同事

40. A 地图错了 　　B 打车太贵 　　C 怕打不到车

第1部分

第 41-45 题

A　我也不知道，我们去问问爷爷。

B　我已经玩儿了一段时间了。

C　成绩比上次提高了一点儿。

D　你早上没吃饱吗？

E　当然。我们先坐公共汽车，然后换地铁。

F　我叫秋文，秋天的秋，文化的文。

例如：　你知道怎么去那儿吗？　　　　　　　　　　　　　　（　E　）

41. 你考试考得怎么样？　　　　　　　　　　　　　（　　　）

42. 我现在又饿又渴。　　　　　　　　　　　　　　（　　　）

43. 那是什么动物？　它的鼻子好奇怪！　　　　　　（　　　）

44. 真不好意思，我总是忘记你的名字。　　　　　　（　　　）

45. 这种游戏能帮你练习新词，你试试！　　　　　　（　　　）

A 一般不可以。如果有事情，老师会给你们打电话的。

B 我放在冰箱里了。

C 没有，我是因为早上坐错了车，所以才迟到的。

D 有什么办法能让她高兴起来呢？

E 他想让我为公司年会准备一个节目。

46. 我新买的水果呢？　　　　　　　　　　　（　　　）

47. 你今天起床起晚了？　　　　　　　　　　（　　　）

48. 刚才经理叫我去他的办公室。　　　　　　（　　　）

49. 姐姐生气了。　　　　　　　　　　　　　（　　　）

50. 王校长，孩子能带手机上学吗？　　　　　（　　　）

第 51-55 题

A 终于	B 礼物	C 尝
D 干净	E 声音	F 历史

例如： 她说话的 （ E ） 多好听啊！

51. 这家超市的东西很 （　　　），你就放心吧！

52. 过去一个星期一直在下雨，今天 （　　　） 出太阳了。

53. 那个饮料看起来很好喝，我想 （　　　） 一口。

54. 中秋节当然要看月亮，这个文化习惯在中国已有很长的 （　　　） 了。

55. 朋友结婚，筷子是很好的 （　　　）。

第3回

A 为了　　　　　B 影响　　　　　C 或者

D 爱好　　　　　E 搬　　　　　　F 满意

例如：　A：你有什么（　D　）？

　　　　B：我喜欢体育。

56. A：你怎么了？　这么难过？

　　 B：我最喜欢的邻居（　　　）走了。

57. A：你工作那么多，能完成吗？

　　 B：很难，（　　　）在周末以前完成，我每天都工作到很晚。

58. A：咖啡馆环境那么好，你为什么不去那儿学习呢？

　　 B：咖啡厅里有很多人聊天儿，这会（　　　）我学习。

59. A：您对这个帽子（　　　）吗？

　　 B：还可以。

60. A：从机场到你家怎么走？

　　 B：你可以坐出租车到北京大学东门（　　　）等我下班去接你。

第 3 部分

第 61-70 题

例如：您是来参加今天会议的吗？ 您来早了一点儿，现在才八点半。您先
进来坐吧。

★ 会议最可能几点开始？

A 8：00　　　　　B 8：30　　　　　C 9：00 ✓

61. 我现在很怕坐电梯，因为有一次我坐电梯的时候，电梯突然坏了。虽然
那时旁边有很多人，但我现在想起来还是很害怕。

★ 那一次电梯怎么了？

A 坏了　　　　　B 人不多　　　　　C 太热了

62. 要想学习好必须有好的学习习惯，上课以前花两个小时准备，下课以后
再花一个小时复习，这样才能真的学会。

★ 要想学习好，最重要的是：

A 经常上网　　　　B 学习时间长　　　　C 学习习惯好

63. 王奶奶的爱好是跳舞，她几乎每天下午都会去公园和老朋友们一起跳。

★ 王奶奶喜欢做什么？

A 跳舞　　　　　B 去公园　　　　　C 认识朋友

第3回

65

64. 我们年级一共有四个班，我们班在主楼六层的东边，旁边就是音乐教室，经常会听到很好听的歌声。

★ 关于这个班，可以知道：

A　在四层　　　　　　B　唱歌好　　　　　　C　能听到歌声

65. 我妹妹一直想买那个照相机，但是一个照相机要几万元，太贵了！

★ 那个照相机：

A　妹妹想买　　　　　B　是黄色的　　　　　C　比较便宜

66. 北方的冬天特别冷，人们总是希望春天能快点儿到来。春天到了，街道两旁的草就绿了，花儿也开了，小鸟在树上唱歌……而且经过了一个长长的冬天，孩子们终于又可以到外面跑来跑去了。

★ 北方人希望春天快点儿到来主要是因为：

A　街道很漂亮　　　　B　冬天太冷了　　　　C　可以出去玩儿

67. 班长，一会儿大家都上车后，你看一下少没少人。如果没问题，我们就开车去火车站了。

★ 说话人让班长做什么？

A　打扫教室　　　　　B　看汽车来没来　　　C　看人是不是都到了

68. 今天的校长见面会到这里就结束了，大家有什么问题，欢迎给夏老师发电子邮件，如果他也回答不了，我们会请校长来回答。

　　★　有问题先问谁？

　　A　校长　　　　　　　　B　夏老师　　　　　　C　王经理

69. 妈妈工作很忙，经常要去别的国家，每次回来她都会给我讲那些地方的新鲜事。长大后我希望能像妈妈一样去很多地方，看看外面的世界。

　　★　妈妈为什么去过很多地方？

　　A　喜欢旅游　　　　　　B　工作需要　　　　　C　想看世界

70. 很多人觉得吃东西的时候说话是个很不好的习惯，所以跟饭馆比起来，他们一般会选择和朋友去茶馆见面，一边喝茶，一边聊天儿。

　　★　根据这段话，在哪里聊天儿比较好？

　　A　饭馆　　　　　　　　B　茶馆　　　　　　　C　图书馆

第 71-75 题

例如：小船　　　河上　　　一条　　　有

　　　河上有一条小船。

71．为什么　　　哭了　　　我不明白他

72．故事　　　多么　　　这个　　　有意思

73．这两个　　　非常　　　国家的　　　好　　　关系

74．特别聪明　　　我　　　发现　　　其实他

75．大熊猫　　　高　　　对　　　环境的要求

第 76-80 题

例如：没（ <ruby>关<rt>guān</rt></ruby> ）系，别难过，高兴点儿。

76. 爸爸每天看新闻，什么事情都（ <ruby> <rt>zhī</rt></ruby> ）道。

77. 我对节日（ <ruby> <rt>wén</rt></ruby> ）化特别感兴趣。

78. 别担（ <ruby> <rt>xīn</rt></ruby> ），世界上没有什么事情是解决不了的。

79. 菜单上的（ <ruby> <rt>zì</rt></ruby> ）太小了，我看不清楚。

80. 真饿啊，我要再吃一碗（ <ruby> <rt>mǐ</rt></ruby> ）饭。

3級第4回

※テスト全体を通したテスト本番バージョンもダウンロード
　していただけます。
　（21K3Q-test4）

1 听 力

第 1-5 题

A

B

C

D

E

F

例如： 男：喂，请问张经理在吗？

女：他正在开会，您半个小时以后再打，好吗？ | D |

1. | |

2. | |

3. | |

4. | |

5. | |

A

B

C

D

E

6.

7.

8.

9.

10.

第4回

第 11-20 题

例如：为了让自己更健康，他每天都花一个小时去锻炼身体。

★　他希望自己很健康。　　　　　　　　　　　(✓)

今天我想早点儿回家。看了看手表，才五点。过了一会儿再看表，还是五点，我这才发现我的手表不走了。

★　那块手表不是说话人的。　　　　　　　　(✕)

11. ★　奶奶生病了。　　　　　　　　　　　　　(　)

12. ★　朋友想借说话人的自行车。　　　　　　　(　)

13. ★　他们不认识上山的路。　　　　　　　　　(　)

14. ★　最近南京常常下雨。　　　　　　　　　　(　)

15. ★　说话人不愿意在那儿工作。　　　　　　　(　)

16. ★　说话人觉得自己游得不好。　　　　　　　(　)

17. ★　那些鸟会飞回北方。　　　　　　　　　　(　)

18. ★　他爱上了电脑游戏。　　　　　　　　　　(　)

19. ★　信用卡被忘在银行了。　　　　　　　　　(　)

20. ★　姐姐跟以前不一样了。　　　　　　　　　(　)

第 21-30 题

例如： 男：小王，帮我开一下门，好吗？ 谢谢！

女：没问题。您去超市了？ 买了这么多东西。

问：男的想让小王做什么？

A 开门 ✓　　　　B 拿东西　　　　C 去超市买东西

21. A 阴天　　　　　B 晴天　　　　　C 雪天

22. A 头发很长　　　B 在讲故事　　　C 没洗完澡

23. A 花钱　　　　　B 搬家　　　　　C 找房子

24. A 参加比赛　　　B 担心身体　　　C 让自己快乐

25. A 找不到狗了　　B 没和同学说再见　C 大家忘了她生日

26. A 西瓜不甜　　　B 苹果不新鲜　　C 不想吃香蕉

27. A 开车　　　　　B 坐飞机　　　　C 坐火车

28. A 学校　　　　　B 体育馆　　　　C 新闻上

29. A 学生　　　　　B 孩子　　　　　C 爱人

30. A 奶茶　　　　　B 红茶　　　　　C 牛奶

第 31-40 题

例如：　女：晚饭做好了，准备吃饭了。

　　　　男：等一会儿，比赛还有三分钟就结束了。

　　　　女：快点儿吧，我们一起吃。

　　　　男：你先吃，我马上就看完了。

　　　　问：男的在做什么？

　　　　A　洗澡　　　　　　B　吃饭　　　　　　C　看电视 ✓

31. A　饭店　　　　　　　B　机场　　　　　　C　影院

32. A　6：00　　　　　　B　6：15　　　　　　C　6：30

33. A　同事　　　　　　　B　家人　　　　　　C　同学

34. A　踢足球　　　　　　B　看电影　　　　　C　上网聊天儿

35. A　不喝酒　　　　　　B　是北方人　　　　C　要结婚了

36. A　一辆新车　　　　　B　安静的邻居　　　C　干净的洗手间

37. A　自己的房间号　　　B　还有没有房间　　C　谁住在电梯旁边

38. A　带了药　　　　　　B　去医院了　　　　C　自己打了120

39. A　来晚了　　　　　　B　没着急　　　　　C　不能来了

40. A　姓谢　　　　　　　B　买了皮鞋　　　　C　没带信用卡

第1部分

第 41-45 题

A　我这次考得不好。

B　你们多久没见面了？

C　你还是打我办公室电话吧。

D　下个月的运动会，我希望每一位同学都能来。

E　当然。我们先坐公共汽车，然后换地铁。

F　我没问题，你放心点吧。

例如：　你知道怎么去那儿吗？　　　　　　　　　　（　E　）

41．别难过，以后还有机会。　　　　　　　　　　（　　）

42．去年还一起旅游了呢。　　　　　　　　　　　（　　）

43．老师，一个人可以参加几个比赛？　　　　　　（　　）

44．这是菜单。你看看这些菜吃得习惯吗？　　　　（　　）

45．我一会儿给你发电子邮件。　　　　　　　　　（　　）

A 哪里哪里，跟你比还差得远呢。

B 不去了，我忙得都没时间喝水。你问问别人吧。

C 出租车司机找不到路，过了很久才来接我。

D 还没饱啊？ 冰箱里有，去拿吧。

E 他每天晚上不是去公园跑步，就是去打球。

46. 羊肉真的好吃极了，真想再来一盘。 （　　　　）

47. 你的字写得越来越好了。 （　　　　）

48. 中午去超市吗？ （　　　　）

49. 叔叔特别注意锻炼身体。 （　　　　）

50. 你怎么现在才到？ 宾馆离这里不远啊！ （　　　　）

第4回

第 51-55 题

A	选		B	重要		C	街道
D	作业		E	声音		F	只有

例如： 她说话的（　E　）多好听啊！

51. 工作虽然（　　　），但是也不能因为工作影响了健康。

52. 你（　　　）认真复习，才能考出好成绩。

53. 9月8号上午8点开始，你们可以在网上（　　　）课。

54. 黑板上写着今天的数学（　　　）。

55. 这个城市晚上太安静了，（　　　）上什么人都没有。

第 56-60 题

A 带　　　　　　　B 熊猫　　　　　　C 解决

D 爱好　　　　　　E 可爱　　　　　　F 附近

例如：　A：你有什么（　D　）？

　　　　B：我喜欢体育。

56. A：服务员，再来两瓶啤酒。

　　 B：别喝了！喝酒能（　　　）问题吗？

57. A：你在动物园见到（　　　）了吗？

　　 B：没有，天气太热了，它们都在空调房里不出来。

58. A：公司（　　　）没有地铁站真是不方便。

　　 B：是啊，我每天都是骑自行车来。

59. A：都开学一个星期了，你怎么还（　　　）着学校地图？

　　 B：学校这么大，我总是找不到教室。

60. A：这是我爷爷送我的生日礼物。

　　 B：真（　　　）啊！

第4回

第 61-70 题

例如：您是来参加今天会议的吗？ 您来早了一点儿，现在才八点半。您先
进来坐吧。

★ 会议最可能几点开始？

A 8：00 B 8：30 C 9：00 ✓

61. 我弟弟才五个月大，还不会说话，一饿就哭。你听，他可能又饿了。

★ 根据这段话，弟弟现在怎么了？

A 正在哭 B 嘴不舒服 C 想回家了

62. 这是女儿的作业，她画的是我们家的猫。你看，下面还写了一句话：小
猫小猫，我很累，今天不要叫我起床。

★ 他们在：

A 给小猫吃鱼 B 教孩子画画儿 C 看女儿的作业

63. 北京不但有很多名校，而且留学生也非常多，在这里上学可以认识很多
国家的朋友，了解不一样的文化。

★ 说话人在北京，不是为了：

A 面试 B 上大学 C 认识新朋友

第4回

64. 跑完步，又看见那对老夫妻坐在长椅上有说有笑的。那位阿姨眼睛不好，走路不方便，她丈夫怕她一直在家里会觉得没意思，所以每天早上都带她出来走走。

★ 那位阿姨：

A 没人关心 　　　　 B 眼睛不好 　　　　 C 天天去跑步

65. 这家"十元店"里面的东西都是十元钱。你不是想买些碗和盘子吗？进去看看吧，不会花很多钱的。

★ 根据这段话，那家店：

A 没有服务员 　　　 B 东西都卖完了 　　 C 碗十块钱一个

66. 妹妹今年七岁，总觉得自己太矮了。她今年过生日时对我说："哥哥，我希望吃了蛋糕以后就能长得跟你一样高。"

★ 妹妹希望自己：

A 努力学习 　　　　 B 少吃蛋糕 　　　　 C 像哥哥一样高

67. 我在机场遇到了马校长，他是我以前中国文化课的老师。我经过他身边的时候他一下子就认出我来了。他说那时候我每次上课都坐在最前面，而且从我们国家来中国学习的就我一个人。

★ 马老师：

A 不记得我了 　　　 B 教过我中国文化 　 C 只教一个国家的学生

68. 外面太冷了，我不想去外面吃饭了，还是在家自己做个面，简简单单吃点儿吧。

   ★ 说话人决定：

   A 在家吃饭　　　　　B 不吃饭了　　　　　C 去饭馆吃面

69. 我从朋友那儿借了一条船，中秋节晚上我们可以在船上看月亮，一定会很有意思。

   ★ 那条船：

   A 又旧又小　　　　　B 是新买的　　　　　C 是为中秋节准备的

70. 这个地方真好啊，蓝蓝的天，绿绿的草，还有小鸟在树上唱歌。妈妈，我们可以在这儿多住几天吗？

   ★ 说话人：

   A 非常热情　　　　　B 想学唱歌　　　　　C 喜欢那里

第 71-75 题

例如：小船　　河上　　一条　　　有

　　　河上有一条小船。

71. 请把　　给我看一下　　桌子上的　　菜单

72. 面包　　这　　非常甜　　种

73. 那辆车　　没关　　的　　车灯

74. 我　　两条　　裤子　　买了

75. 他　　很　　对　　感兴趣　　汉字的历史

第 76-80 题

例如：没 (^{guān} 关) 系，别难过，高兴点儿。

76. 刷牙一般需要三 (^{fēn}) 钟才能刷干净。

77. 世界那么大，我想 (^{qù}) 别的城市看看。

78. 这包大米有十公斤，我们能 (^{chī}) 一个月。

79. 经理突然很 (^{shēng}) 气，说话声音也大了起来。

80. 这儿离黄河很 (^{jìn})，从这儿向东走800米就到了。

第4回

3級第5回

※テスト全体を通したテスト本番バージョンもダウンロード
　していただけます。
　（21K3Q-test5）

第 1-5 题

A

B

C

D

E

F

例如：　男：喂，请问张经理在吗？

女：他正在开会，您半个小时以后再打，好吗？　　D

1.

2.

3.

4.

5.

A

B

C

D

E

6. ☐

7. ☐

8. ☐

9. ☐

10. ☐

第 11-20 题

例如：为了让自己更健康，他每天都花一个小时去锻炼身体。

★ 他希望自己很健康。 (✓)

今天我想早点儿回家。看了看手表，才五点。过了一会儿再看表，还是五点，我这才发现我的手表不走了。

★ 那块手表不是说话人的。 (✕)

11. ★ 离电影开始还有一刻钟。 ( )

12. ★ 他决定和朋友见面。 ( )

13. ★ 老李唱歌很好听。 ( )

14. ★ 遇到问题要先想办法。 ( )

15. ★ 说话人想找个环境好的宾馆。 ( )

16. ★ 他每天起床后都要喝茶。 ( )

17. ★ 文文回国工作了。 ( )

18. ★ 他们还没买票。 ( )

19. ★ 说话人还需要五分钱。 ( )

20. ★ 弟弟成绩提高了不少。 ( )

第 21-30 题

例如： 男：小王，帮我开一下门，好吗？ 谢谢！

女：没问题。您去超市了？ 买了这么多东西。

问：男的想让小王做什么？

A 开门 ✓   B 拿东西   C 去超市买东西

21. A 饭店   B 机场   C 银行

22. A 睡觉   B 听音乐   C 聊天儿

23. A 词典   B 图书卡   C 笔记本

24. A 没热水   B 房间没打扫   C 空调打不开

25. A 结婚两年   B 从小学中文   C 很了解中国

26. A 腿疼   B 要开会   C 打算复习

27. A 走路太慢   B 找别人帮忙   C 先在网上选

28. A 发烧了   B 生气了   C 迟到了

29. A 太贵了   B 楼层太高   C 洗手间太小

30. A 别吃太饱   B 再爬一会儿   C 多关心孩子

第5回

第 31-40 题

例如： 女：晚饭做好了，准备吃饭了。

男：等一会儿，比赛还有三分钟就结束了。

女：快点儿吧，我们一起吃。

男：你先吃，我马上就看完了。

问：男的在做什么？

	A 洗澡	B 吃饭	C 看电视 ✓

31.	A	在看报纸	B	不在办公室	C	要还信用卡
32.	A	嘴不舒服	B	不感兴趣	C	要照顾爷爷
33.	A	想运动	B	电梯坏了	C	觉得好玩儿
34.	A	试裙子	B	打电话	C	打游戏
35.	A	同事	B	邻居	C	同学
36.	A	脸	B	脚	C	鼻子
37.	A	搬家	B	洗衬衫	C	写作业
38.	A	超市	B	公园	C	咖啡馆
39.	A	椅子后面	B	桌子下面	C	洗衣机里
40.	A	需要盘子	B	今天生日	C	忘了买礼物

第 41-45 题

A 她丈夫和女儿也会一起过去。

B 就在左边那个小包里。

C 是的，这么多年来她一直都这么瘦。

D 我最近太忙了，都没时间锻炼。

E 当然。我们先坐公共汽车，然后换地铁。

F 对，我还没想好怎么开口跟他讲。

例如： 你知道怎么去那儿吗？　　　　　　　　　　　　(E)

41．你的护照呢？ 　　　　　　　　　　(　)

42．去年冬天经常见你去跑步，怎么现在不跑了？ 　(　)

43．你还没把这件事情告诉儿子吗？ 　　　　　(　)

44．小王还是跟过去一样没什么变化。 　　　　(　)

45．张阿姨今年夏天就要去北京上班了。 　　　(　)

A 太远了，我也看不清楚。

B 那你能向我介绍介绍他吗？

C 对，听说才29岁，一开始我也不相信。

D 没事，可以把它放在冰箱里。

E 他在等妹妹呢，他怕妹妹找不到这家店。

46. 我跟万朋认识十多年了，我很了解他。 （　　　）

47. 黑板最右边写的是什么字？ （　　　）

48. 叔叔为什么站在门外不进来？ （　　　）

49. 那个年轻人真的是我们的新校长？ （　　　）

50. 这个西瓜有十多公斤，吃不完就坏了。 （　　　）

第 51-55 题

A 同意   B 词典   C 关

D 害怕   E 声音   F 其他

例如： 她说话的 （ E ） 多好听啊！

51. 弟弟虽然上二年级了，但他还是很 （   ） 在不认识的人面前说话。

52. 教室里怎么只有你在，（   ） 人呢？

53. 这本旧 （   ） 对我学习汉语帮助很大。

54. 我明白你的意思，但是我不 （   ） 你这么做。

55. 请帮我把洗手间的灯 （   ） 一下。

A 如果　　　　　B 发现　　　　　C 米

D 爱好　　　　　E 特别　　　　　F 担心

例如：　A：你有什么（　D　）？

　　　　B：我喜欢体育。

56．A：这家店的羊肉（　　　）好吃，你快尝尝。

　　B：好，看着就不错。

57．A：请等一下，这是你的铅笔吗？

　　B：对，谢谢！（　　　）你不说，我一定会把它忘在这儿。

58．A：这家照相馆真便宜，你怎么（　　　）这儿的？

　　B：我每天上学都经过这儿。

59．A：雪越下越大了，下午飞机能起飞吗？

　　B：不知道，我也很（　　　）。

60．A：请问北京站怎么走？

　　B：前面路口往东，再走1000（　　　）就到了。

第 61-70 题

例如：您是来参加今天会议的吗？ 您来早了一点儿，现在才八点半。您先
进来坐吧。

★ 会议最可能几点开始？

A 8：00　　　　　　 B 8：30　　　　　　 C 9：00 ✓

61. 我家南边有个小公园。公园里有很多花花草草，还有很多大树，又漂亮
又安静，我经常吃完晚饭后去那儿走走。

★ 根据这段话，那个公园：

A 动物极多　　　　 B 有很多树　　　 C 在黄河西边

62. 今天早上我把帽子忘在了出租车上，我那时急得都快哭了，因为那是我
最喜欢的帽子，没想到那位出租车司机发现后把帽子给我送到了校门口。

★ 发现帽子不见后，说话人：

A 快哭了　　　　　 B 告诉了老师　　 C 又买了个新的

63. 她是小夏，她来店里的时间虽然不长，但她对客人很热情，懂得怎样把
服务工作做好，大家都很喜欢她。

★ 关于小夏，可以知道什么？

A 头发短　　　　　 B 个子矮　　　　 C 对人热情

第5回

64. 小王，你弟弟找到工作了吗？ 我们公司最近急需一位学新闻的，他不就是学新闻的吗？ 如果他愿意，欢迎他来我的公司上班。

   ★ 小王的弟弟是学什么的？

   A 数学　　　　　　　B 历史　　　　　　　C 新闻

65. 昨天我和哥哥一开始想去参加一个文化节，但是出门没多久，就刮起了大风，最后我们去了一家新开的书店，在那儿看了一上午书。

   ★ 他们为什么没去参加文化节？

   A 没带伞　　　　　　B 天气不好　　　　　C 时间不方便

66. 小时候爸妈教我认识世界地图上的国家时，我就想长大后要去这些地方看看。现在我一有时间就去旅游，已经去过很多国家了。

   ★ 说话人现在经常：

   A 出国　　　　　　　B 踢足球　　　　　　C 喝啤酒

67. 参加工作后你会发现，工作环境和同事关系非常重要。好的工作环境会让你更努力；好的同事关系能给你很多帮助，也会让你更快乐。

   ★ 好的同事关系能让人：

   A 快乐　　　　　　　B 更小心　　　　　　C 想离开

68. 姐姐非常喜欢画画儿，每次在外面看到漂亮或者有意思的东西时，她几乎都会照下来，然后到家就开始画。

★ 姐姐：

A 很有名　　　　　B 比较胖　　　　　C 爱画画儿

69. 中午我正在房间里睡觉，突然听到外面有声音，走出来一看，发现家里飞进来了一只绿色的小鸟。

★ 说话人发现了什么？

A 一只小鸟　　　　B 没碗筷了　　　　C 小猫在吃鱼

70. 周末我经常和朋友去附近的城市玩儿。这些城市离家近，所以我们一般都骑自行车去，这样就可以一边旅游一边锻炼身体。

★ 那些城市：

A 可以骑马　　　　B 离家不远　　　　C 街道不干净

3 书 写

第 71-75 题

例如：小船　　　河上　　　一条　　　有

　　　　<u>河上有一条小船。</u>

71. 那辆车的　　　很年轻　　　司机

72. 其实不大　　　这里的　　　变化

73. 吃了　　　谁　　　水果蛋糕　　　被

74. 前面的　　　题　　　简单　　　比较

75. 我　　　最喜欢的　　　秋天是　　　季节

第 76-80 题

例如：没（ guān 关 ）系，别难过，高兴点儿。

76. 听到小果的（ huí ）答，我满意地笑了。

77. 熊猫的眼睛（ hé ）耳朵都是黑色的。

78. 他对自己要求很高，每天不但要练（ xí ）游泳，还必须去跑步。

79. 刚才还是阴天，突然就下雨了，现在（ yòu ）晴了。

80. 你在给谁（ fā ）电子邮件呢？

3級 第1回
解答・解説

聴力試験・・・P.104 ～ P.121

読解試験・・・P.122 ～ P.133

書写試験・・・P.134 ～ P.136

例題の解答は P.14～P.19 で紹介しています。

正解一覧

1. 听力

第1部分	1. E	2. A	3. C	4. F	5. B
	6. B	7. D	8. A	9. E	10. C
第2部分	11. ×	12. ✓	13. ×	14. ✓	15. ×
	16. ✓	17. ×	18. ×	19. ✓	20. ✓
第3部分	21. C	22. A	23. B	24. C	25. A
	26. B	27. C	28. B	29. C	30. B
第4部分	31. B	32. C	33. A	34. A	35. B
	36. A	37. C	38. A	39. C	40. A

2. 阅读

第1部分	41. C	42. A	43. B	44. F	45. D
	46. A	47. D	48. B	49. C	50. E
第2部分	51. B	52. D	53. C	54. F	55. A
	56. C	57. F	58. E	59. A	60. B
第3部分	61. C	62. B	63. A	64. C	65. A
	66. B	67. B	68. A	69. B	70. C

3. 书写

第1部分	71. 老师让我们打扫一下楼梯。
	72. 椅子上放着一个花瓶。
	73. 你一定要把字写清楚。
	74. 天多么蓝啊!
	75. 问题都被解决了。

第2部分	76. 比	77. 包	78. 时	79. 色	80. 年

1 听 力

第 **1** 部分 | 問題 p.24 ～ p.25

 21K3Q1-1

1 正解 E

スクリプト

女：坐了很长时间了，真累，你想出去走走吗？
男：不了，我想一个人在教室里看会儿书。

スクリプト和訳

女：長時間座っていたから、本当に疲れました。あなたは外に出て歩きたいですか？
男：いいえ、やめておきます。私は一人で、教室で少し本を読みたいです。

2 正解 A

スクリプト

男：现在睡觉还早，我们上网看个电影吧。
女：好啊，你找找有没有什么好看的。

スクリプト和訳

男：今寝るのはまだ早いので、私たちはインターネットで映画を観ましょうか。
女：そうですね。あなた何か面白いものがないか探してください。

3 正解 C

スクリプト

女：我最喜欢冬天，因为那时经常下雪。
男：冬天好是好，就是太冷了。

スクリプト和訳

女：私は冬が一番好きですが、なぜならその時（冬は）よく雪が降るからです。
男：冬は良いことは良いのですが、ただ寒すぎます。

4 正解 **F**

男：这块羊肉很不错，我们买一点儿吧。
女：好啊，看看多少钱一公斤。

男：この羊肉はなかなかおいしいので、私たちはちょっと買いましょう。
女：いいですよ。1キログラムいくらか見てみましょう。

5 正解 **B**

女：医生，我最近头特别疼，而且什么都不想吃。
男：别担心，我先帮你做个检查。

女：(医師に) 先生、私は最近特に頭痛がひどく、しかも何も食べたくありません。
男：心配しないでください。私がまずあなたに検査をしましょう。

6 正解 **B**

男：火车马上就要开了，你回去吧。
女：好的，到了北京记得给我打电话啊。

男：列車がそろそろ出発するので、あなたは戻ってください。
女：分かりました。北京に着いたら私に電話するのを忘れないでください。

7 正解 **D**

女：今天是你来接孩子放学？
男：是啊，我下午下班早，就过来了。

スクリプト和訳

女：今日はあなたがお子さんの放課後のお迎えにいらしたのですか？
男：そうです。私は午後退勤するのが早かったので、すぐに来ました。

8 正解 **A**

スクリプト

男：这个蛋糕很好吃，你要不要来一块？
女：谢谢，不用了，我现在还不太饿。

スクリプト和訳

男：このケーキはおいしいです。あなたは一口食べますか？
女：ありがとう。でも結構です。私は今それほどお腹が空いていません。

9 正解 **E**

スクリプト

女：这是我妈妈年轻时的照片。
男：你妈妈几乎都没怎么变，跟以前一样漂亮。

スクリプト和訳

女：これは私の母の若い頃の写真です。
男：あなたのお母様はほとんど変わっていませんね。昔と同じようにきれいです。

10 正解 **C**

スクリプト

男：新来的数学老师怎么样?
女：她很爱笑，我非常喜欢上她的课。

スクリプト和訳

男：新しく来た数学の先生はどうですか？
女：彼女はよく笑うので、私は彼女の授業に出るのが大好きです。

11 正解 ✗

スクリプト

开始刮风了，天也越来越黑，可能很快就会下雨，我们还是早点儿回去吧。

スクリプト和訳

風が吹き始めて、空もだんだん暗くなってきました。たぶんもうすぐ雨が降るでしょうから、私たちはやっぱり早く帰りましょう。

問題文和訳 ★ 太陽がもうすぐ昇る。

12 正解 ✓

スクリプト

我把书放在教室的桌子上了，如果你要用的话，可以自己去拿。

スクリプト和訳

私は本を教室の机の上に置いてきましたので、もしあなたが必要でしたら、自分で取りに行くといいですよ。

問題文和訳 ★ 本は教室の机の上に置かれている。

13 正解 ✗

スクリプト

我看了一下菜单，这儿没有我想吃的菜，我们换一家饭店吧。

スクリプト和訳

私はちょっとメニューを見ましたが、ここには私の食べたい料理がありません。私たちはお店を変えましょう。

問題文和訳 ★ そのお店の料理は高い。

14 正解 ✓

スクリプト

跟早上比，我更喜欢晚上的公园，虽然看不清楚里面的花花草草，但是非常安静。

スクリプト和訳

朝と比べて、私は夜の公園の方がもっと好きです。園内の草花ははっきりと見えませんが、とても静かです。

問題文和訳 ★ 話し手は比較的夜の公園が好きだ。

15 正解 ✗

スクリプト

这几天天气很冷，我如果听了妈妈的话，多穿件衣服，现在可能就不会感冒了。

スクリプト和訳

ここ数日の気候は寒いので、私はもし母の言うことを聞いて、たくさん服を着ていれば（もっと厚着をしていれば）、今頃は風邪を引いていなかったでしょう。

問題文和訳 ★ 話し手は今、体の調子が良い。

16 正解 ✓

スクリプト

因为有了黄河，中国才有了今天这样的历史和文化，所以在中国有很多关于黄河的故事。

スクリプト和訳

黄河があるから、中国には今日のこのような歴史や文化があります。だから中国には黄河に関する物語がたくさんあります。

問題文和訳 ★ 中国人にとって、黄河は重要だ。

17 正解 ✕

スクリプト

这是大熊猫多多第一次出国，可能是因为换了个环境，还没有习惯，它现在不太爱吃东西。

スクリプト和訳

今回はジャイアントパンダのドゥオドゥオの初めての出国ですが、おそらく環境が変わったため、まだ慣れず、今はあまり食べ物を食べられないのでしょう。

問題文和訳 ★ そのパンダは新しい環境に慣れた。

18 正解 ✕

スクリプト

这个花瓶太大了，我一个人搬不动，你能和我一起搬吗？

スクリプト和訳

この花瓶は大きすぎて、私一人では運べないので、あなたは私と一緒に運んでもらえますか？

問題文和訳 ★ 話し手は一人で花瓶を運ぶことができる。

19 正解 ✓

スクリプト

我每天都做运动，时间久了，运动就跟吃饭睡觉一样，是我每天必须要做的事情。

スクリプト和訳

私は毎日いつも運動をしていますが、長いことそうしていますので、運動は食事や睡眠と同じように、私の毎日必ずやるべき事になっています。

問題文和訳 ★ 話し手は毎日運動している。

20 正解 ✓

> **スクリプト**

我们买衣服的时候应该多试试，只有穿在身上，才会知道要不要把它买下来。

> **スクリプト和訳**

私たちは服を買う時に何度も試着するべきで、身につけてみてはじめてそれを買う必要があるかどうかが分かります。

問題文和訳 ★ 服を買うにはまず試着してから決める。

21　正解 **C**

スクリプト

女：我忘记带钱包了，你有两块钱吗？
男：你等等，我找一下，应该有。
问：女的在做什么？

スクリプト和訳

女　：私は財布を持ってくるのを忘れました。あなたは2元持っていますか？
男　：ちょっと待ってください。探してみます。あるはずです。
問題：女性は何をしていますか？

選択肢和訳

A　お金を返す　　B　両替する　　C　お金を借りる

22　正解 **A**

スクリプト

男：我有两张周六下午足球比赛的票，你想和我一起去吗？
女：当然，我最喜欢的那个运动员也参加了这次比赛。
问：男的周六下午要做什么？

スクリプト和訳

男　：私は土曜の午後のサッカーの試合のチケットを2枚持っていますが、あなたは私
　　　と一緒に行きたいですか？
女　：もちろんです。私が一番好きなあの選手も今回の試合に参加しますから。
問題：男性は土曜日の午後に何をするつもりですか？

選択肢和訳

A　試合を観る　　B　映画を観る　　C　バスケットボールをする

23 正解 B

スクリプト

女：现在的年轻人特别爱玩儿游戏，一玩儿起来就忘了睡觉。
男：如果总是晚睡，对身体不好。
问：爱玩儿游戏的年轻人会怎么样？

スクリプト和訳

女 ：今の若者はゲームで遊ぶのがとりわけ好きで、ひとたび遊び始めると寝るのを忘れてしまいます。
男 ：もしいつも寝るのが遅いと、体に良くありません。
問題：ゲームが好きな若者はどうなりますか？

選択肢和訳

A たくさん食べられる　　B しっかり眠ることができない　　C いつも遅れて出勤する

24 正解 C

スクリプト

男：现在已经九点了，会议什么时候开始？
女：再过半个小时吧，会议室的灯坏了。
问：会议什么时候开始？

スクリプト和訳

男 ：今はもう9時になりましたが、会議はいつ始まりますか？
女 ：あと30分後にしましょう。会議室の電気が故障しました。
問題：会議はいつ始まりますか？

選択肢和訳

A 8：30　B 9：00　C 9：30

25 正解 A

スクリプト

女：你知道我们班这次考试谁拿了第一吗？
男：是李子月吧，每次都是她考得最好。
问：关于李子月，可以知道什么？

スクリプト和訳

女　：あなたは今回の試験で私たちのクラスの誰が1番だったか知っていますか？
男　：李子月でしょう。毎回いつも彼女が一番良い成績ですから。
問題：李子月について、何が分かりますか？

選択肢和訳

A　成績が良い　　B　もうすぐ試験がある　　　C　体育が好きではない

26 正解 B

スクリプト

男：我们中午吃什么好呢？
女：我知道附近新开了一家饭店，听说鱼做得不错。
问：他们可能要去哪儿？

スクリプト和訳

男　：私たちお昼は何を食べたらよいでしょうか？
女　：私は近くに新しくレストランが開店したのを知っていますが、魚料理がおいしい
　　　そうです。
問題：彼らはどこに行く可能性がありますか？

選択肢和訳

A　ホテル　　B　レストラン　　C　病院

27 正解 C

スクリプト

女：先生您好，请问您喝点儿什么?
男：先给我来两瓶啤酒吧。
问：男的要喝什么?

スクリプト和訳

女　：（男性の）お客様、こんにちは。何をお飲みになりますか?
男　：とりあえずビールを2本お願いします。
問題：男性は何を飲むつもりですか?

選択肢和訳

A　水　　B　コーヒー　　C　ビール

28 正解 B

スクリプト

男：我的电脑总是有奇怪的声音，你知道是怎么回事吗?
女：我不太清楚，你可以拿过来给我看看。
问：女的可能会怎么做?

スクリプト和訳

男　：私のパソコンはいつも変な音がするのですが、いったいどういう事なのかあなたは
　　　分かりますか?
女　：私にはよく分かりません。持ってきて私に見せてください。
問題：女性はどうする可能性がありますか?

選択肢和訳

A　人に助けてもらう　　B　自分で調べる　　C　パソコンを使わない

29 正解 C

女：这件黑色的衬衫怎么样？
男：如果是我，我会选择那件白色的。
问：男的是什么意思？

スクリプト和訳

　女　：この黒いシャツはどうですか？
　男　：もし私だったら、あの白い方を選びます。
問題：男性が言っているのはどういう意味ですか？

選択肢和訳

A　安い　　B　大きすぎる　　C　白い方が良い

30 正解 B

スクリプト

男：我们决定结婚了，就在今年秋天。你能来吗？
女：太好了，真为你们高兴！我一定会参加的。
问：关于女的，可以知道什么？

スクリプト和訳

　男　：私たちは結婚することにしました。今年の秋です。あなたは（結婚式に）参加で
　　　　きますか？
　女　：それは良かったですね、本当にあなたたちのことでうれしいです！　私は絶対に
　　　　参加します。
問題：女性について、何が分かりますか？

選択肢和訳

A　もうすぐ結婚する　　B　絶対に参加する　　C　今日は楽しくない

31 正解 B

スクリプト

男：你穿这条裙子真好看。
女：如果我再瘦一点儿，就更好了。
男：其实你不胖啊。
女：女人总是希望自己能更瘦一些。
问：男的觉得女的怎么样？

スクリプト和訳

男　：あなたがはいているこのスカートは本当にきれいですね。
女　：もし私がもう少し痩せていたら、もっと良いのですが。
男　：実際にはあなたは太っていませんよ。
女　：女性はいつでももっと痩せたいと思うものです。
問題：男性は女性のことをどう思っていますか？

選択肢和訳

A　背が低くない　　B　太っていない　　C　健康だ

32 正解 C

スクリプト

女：你是新搬来的吗？
男：是的，上星期我才搬进来。
女：我住在三〇一，就在你旁边的房间。
男：太好了。我叫张明，很高兴认识你。
问：说话人是什么关系？

スクリプト和訳

女　：あなたが新しく引っ越して来た方ですか？
男　：そうです。先週引っ越してきたばかりです。
女　：私は301号室に住んでいます。あなたのそばの部屋です。
男　：それは良かったです。私は張明と申します。お知り合いになれてうれしいです。
問題：話し手はどんな関係ですか？

選択肢和訳

A　同僚　　B　夫婦　　C　近所の人

33 正解 A

スクリプト

男：我的信用卡不见了。
女：你先别急着找，好好想想放在哪儿了。
男：我刚才去了银行。
女：可能是忘在那儿了吧。
问：信用卡可能在哪儿?

スクリプト和訳

男 ：私のクレジットカードが見あたりません。
女 ：まずは焦らずに探しましょう。どこに置いたかよく思い出してください。
男 ：私はさっき銀行に行きました。
女 ：たぶんそこに忘れたのでしょう。
問題：クレジットカードはどこにある可能性がありますか?

選択肢和訳

A　銀行　　B　トイレ　　C　バスの中

34 正解 A

スクリプト

女：你今天看起来很累，怎么了?
男：昨晚孩子发烧，我带他去医院，两点才回来。
女：那你早点儿回家休息吧。
男：没事，我把工作做完再回去。
问：男的正在做什么?

スクリプト和訳

女 ：あなたは今日お疲れのようですが、どうしたのですか?
男 ：昨夜子供が熱を出したので、私が彼を病院に連れて行き、2時にようやく戻りました。
女 ：それじゃあ早く帰って休んだほうがいいですよ。
男 ：大丈夫です。私は仕事を終えてから帰ります。
問題：男性は今、何をしていますか?

選択肢和訳

A　仕事をしている　　B　ダンスをしている　　C　帰宅している

35 正解 **B**

スクリプト

男：别老坐在家里看电视，跟我出去跑跑步吧。
女：今天太热了，我不想离开有空调的地方。
男：游泳怎么样？在水里不热。
女：那就听你的吧。
问：他们要去做什么？

スクリプト和訳

男　：いつも家でテレビばかり見ていないで、私と外に出てジョギングでもしましょう。
女　：今日は暑すぎます。エアコンがある場所から離れたくありません。
男　：水泳はどうですか？　水の中なら暑くありませんよ。
女　：じゃああなたの言う通りにします。
問題：彼らは何をしに行こうとしていますか？

選択肢和訳

A　山登りをする　　B　水泳をする　　C　図書館へ行く

36 正解 **A**

スクリプト

女：我必须在三点前到火车站，不会晚吧？
男：放心吧，车站就在附近。你要去南门还是北门？
女：不太清楚，我买的是快车票。
男：快车一般都从北门上车。
问：女的在担心什么？

スクリプト和訳

女　：私は絶対に3時前に（列車の）駅に着いていなければなりません。遅くなることはないですか？
男　：安心してください。駅はこの近くです。あなたが行きたいのは南門ですか？　それとも北門ですか？
女　：よく分かりません。私が買ったのは快速列車の切符です。
男　：快速列車なら普通は北門から乗ります。
問題：女性は何を心配していますか？

選択肢和訳

A　遅刻するかもしれない　　B　チケットが買えない　　C　駅を知らない

37 正解 C

スクリプト

男：狗真可爱！
女：它们还非常聪明呢。
男：真希望有一天我能有一只自己的狗。
女：一定会的！
问：男的想要什么？

スクリプト和訳

男　：犬は本当にかわいいですね！
女　：彼らはとても頭もいいですよね。
男　：本当にいつか自分の犬を1匹飼えればと思います。
女　：絶対にかなうでしょう！
問題：男性は何が欲しいのですか？

選択肢和訳

A　1台の自動車　　B　新しい携帯電話　　C　1匹の子犬

38 正解 A

スクリプト

女：您好，我想查一下汉语考试成绩。
男：请把你的名字写在这张纸上。
女：好，我什么时候能知道？
男：马上就可以告诉你。
问：女的什么时候可以知道成绩？

スクリプト和訳

女　：こんにちは。私は中国語の試験の成績を調べたいのですが。
男　：あなたのお名前をこの用紙に書いてください。
女　：分かりました。いつ分かりますか？
男　：すぐにお伝えできます。
問題：女性はいつ成績が分かりますか？

選択肢和訳

A　今　　B　1週間後　　C　1か月後

39 正解 **C**

> **スクリプト**
>
> 男：妈妈，你怎么这么晚还出去？
> 女：你爸爸喝了点儿酒，开不了车，我去接他。
> 男：天黑了，出门要小心。
> 女：好，一接到你爸，我就回来。
> 问：女的为什么要出去？
>
> **スクリプト和訳**
>
> 男　：お母さん、こんなに遅い時間なのにまだ出かけるの？
> 女　：あなたのお父さんがお酒を飲んで、車を運転できないから、私が迎えに行くのよ。
> 男　：空が暗くなったから、出かけるのには気をつけてね。
> 女　：分かったわ。お父さんを迎えに行って（会えたら）、私はすぐに戻ってくるわ。
> 問題：女性はなぜ出かけることになったのですか？

選択肢和訳

A　お酒を買いたい　　B　仕事に行く　　C　夫を迎えに行って帰宅する

40 正解 **A**

> **スクリプト**
>
> 女：你不是要去动物园吗？
> 男：是，但我想先去超市买点儿喝的。
> 女：附近没有超市吧？
> 男：有的，地铁站旁边就有一个。
> 问：男的打算先去什么地方？
>
> **スクリプト和訳**
>
> 女　：あなたは動物園に行くつもりではなかったのですか？
> 男　：はい。でも先にスーパーに行って飲み物を買いたいです。
> 女　：近くにスーパーはないでしょう？
> 男　：あります。地下鉄の駅のそばに1軒あります。
> 問題：男性はまずどこに行くつもりですか？

選択肢和訳

A　スーパー　　B　（バスの）停留所　　C　動物園

2 閲 読

41 - 45

選択肢和訳

A そうです。どうしてまだ着かないのでしょう？　東に進むんですよね？

B 私を待っていなくていいです。私はまだメールを送らなければなりません。

C 「古きを捨て、新しきを得る」ですね。私はあなたに新しいものを贈りましょう。

D 分かりました。最近は天候の変化が早いので、体にはくれぐれも気をつけて。

E もちろんです。私たちはまずバスに乗って、それから地下鉄に乗り換えます。

F 彼は親切な人だからです。

41 正解 C

問題文和訳

私が山登りをしている時、帽子が風に飛ばされました！

> **解説** "被"を使った受身文である。「A＋"被"（＋B）＋動詞＋その他の成分」の語順。ここではA＝"帽子"、B＝"风"であり、"被风刮走了"で「風に飛ばされた」となり、帽子をなくしたことが分かる。"旧的不去，新的不来"は決まり文句である。Cを選択。

42 正解 A

問題文和訳

私たちは30分ちょっと歩きましたよね？

> **解説** "半个多小时"は「30分ちょっと」、動詞"走"のすぐ後ろの"了"は動作が完了したことを表す。その動作を受けて"怎么还不到呢"と会話が続くAを選択。

43 正解 B

問題文和訳

5時半になりましたので、もう退勤の時間です。

> **解説** "该下班了"「もう退勤する頃だ」から、社内での会話だと判断できる。"还要再发个电子邮件"とあるBを選択。

44 正解 F

問題文和訳

私が彼について知るところによれば、彼は必ずあなたのその用事を手伝ってくれるでしょう。

> **解説** "根据〜"は「〜によれば」、"一定会〜"は「必ず〜するだろう」、"他帮你〜"は「彼はあなたに〜してくれる」という意味。"他"「彼」について述べているFを選択。

45 正解 D

問題文和訳

マネージャー、私は病気になりましたので、1日休暇をいただきたいです。

> **解説** "经理"は企業などの経営責任者である「マネージャー」や「支配人」、「社長」などを指す。"我生病了"で「病気になった」の意味。"请假"は「休暇をとる」だが離合詞のため"请"と"假"の間に具体的な日数（ここでは"一天"）を入れることができる。休暇をとりたいと願い出ていることから、健康に関する返答であるDを選択。

46 - 50

【選択肢和訳】

A 張さんの娘さんです。彼女はやることがとても真面目です。

B 分かりました。主にさっきは大変喉が渇いていたのです。

C もしあなたが行かないなら、林さんは絶対に怒るでしょう。

D 私は右側の方がもっといいと思います。

E 私たちは地下鉄に乗りましょう。北門に地下鉄の駅があります。地下鉄に乗って行く方が便利です。

46 正解 A

【問題文和訳】

ノートを持っているあの人は誰ですか？

解説 "誰" と人物を尋ねているので、それに対応する答えとしてAを選択。

47 正解 D

【問題文和訳】

見てください。この革靴はなかなか良いです。

解説 "还不错" は「なかなか良い」の意味。物についての良し悪しを話していることからDを選択。Dの "右边的" の後ろには "皮鞋比这双皮鞋" が省略されていると考えられる。

48 正解 B

【問題文和訳】

あなたは飲み物を飲むのを控えなさい。

解説 "喝点儿饮料" から、飲み物を飲むことを話題にしているBを選択。"太渴了" は「大変喉が渇いた」の意味。

49　正解 C

（問題文和訳）

私は明日、同窓会に参加したくなくなりました。

解説　文末の "了" は変化を表す。"参加"「参加する」は「行く」＝ "去" と考えてCを選択。

50　正解 E

（問題文和訳）

今この時間にタクシーをつかまえるのは大変難しいです。

解説　"打车" は「タクシーをつかまえる」、"太＋形容詞＋了" の形で「大変〜／〜すぎる」の意味。交通機関を話題にしているので、タクシーと比べて地下鉄の方が便利だと言っているEを選択。

第**2**部分 | 問題 p.31 ～ p.32

51 - 55

（選択肢和訳）

A　カメラ　　　B　都合が良い　　C　新鮮だ

D　壊れる　　　E　音　　　　　　F　（量詞）～組、膳

51 正解 B

（問題文和訳）

あなたの［都合の良い］時間に、私はあなたとこの件について電話で話します。

> 解説　形容詞述語文と考えて形容詞を入れる。"什么时间" は「いつ、何時」の意味。後半の内容から伺いを立てていることが分かる。Bを選択。

52 正解 D

（問題文和訳）

私のスーツケースは［壊れ］たので、新しいものを買いに行かなければなりません。

> 解説　"了" の前には動詞か形容詞が入る。後半で "要去买"「買いに行かなければならない」と言っていることから、その直接的な理由であるDを選択。

53 正解 C

（問題文和訳）

より［新鮮な］野菜を手に入れるために、（父方の）祖父は朝早くスーパーに行きました。

> 解説　副詞 "更" の後ろには動詞か形容詞が続く。"菜" は「野菜」であることから、Cを選択。

54　正解 F

問題文和訳

私に箸を一［膳］持って来てください。私は箸でご飯を食べるのに慣れています。

解説　「数詞＋量詞＋名詞」の順になる。"筷子"は「箸」の意味、「箸」の量詞は２つで１つの用途をなすものを数える "双" である。よってFを選択。

55　正解 A

問題文和訳

この［カメラ］は彼女のお母さんがプレゼントしてくれたものです。彼女にとって大事なものです。

解説　"这个" とあるので後ろには名詞が続くこと、"是…的" 構文の中は "她妈妈送" とあるため何らかの物が入ることが分かる。Aを選択。

56 - 60

選択肢和訳

A	ついに	B	種類	C	要求
D	趣味	E	～に	F	同意する

56　正解 C

問題文和訳

A：私はマネージャーが言った［要求］をはっきり聞きとれなかったので、私にもう一度教えていただけませんか？

B：分かりました。

解説　"经理说的" の "的" は名詞や名詞句をつなぐ助詞のため、名詞を選ぶ。"没听清楚" は「はっきりと聞きとれなかった」の意味。よってCを選択。

57 正解 F

（問題文和訳）

A：お母さん、私が今晩遊びに出かけるのに［同意してくれる］？

B：いいわよ。でも少し気をつけなさい。

解説 "您" が主語、"我今晩出去玩儿了" が目的語と考える。（　　）には動詞が入る。Fを選択。

58 正解 E

（問題文和訳）

A：私たちのところからホテルまであとどれくらい距離がありますか？

B：それほど遠くありません。前［に］まっすぐ行って、信号があるところまで行けば見えます。

解説 「"向"+方向詞＋動詞」で「〜（の方向）に…する」の意味。"红绿灯" は「信号」のこと。Eを選択。

59 正解 A

（問題文和訳）

A：王おばさんは40歳の時［ついに］結婚しました。

B：信じてください、愛は遅れてやってくるかもしれませんが、結局は出会えるものです。

解説 "结婚了" は動詞句であることから、前に入るのは副詞。よってAを選択。

60 正解 B

（問題文和訳）

A：私はこの何［種類］かのパンはどれもおいしいと思います。どれを買いましょうか？

B：あなたは全部買っておいてもいいのですよ。

解説 ものを数える時は「数詞＋量詞＋名詞」の順になる。"几" は「いくつ」、"种" は数を数える量詞で「〜種類の」の意味。よってBを選択。

第3部分 | 問題 p.33 〜 p.35

61 正解 C

（問題文和訳）

私と明さんは子供の頃から一緒に育ちました。彼は私の小学校の同級生でもあり、私たち二人の関係は良好です。週末はよく一緒に球技をしに行きます。

★ 話し手について、分かるのは：

（選択肢和訳）

A　とても聡明だ　　B　サッカーをするのが好きだ　　C　明さんとの関係が良い

> **解説** Aについては特に述べられていない。"我们两个关系很好"からCを選択。"打球"は「球技一般をする」の意味だが、サッカーには動詞"踢"を用いるのでBは不適。

62 正解 B

（問題文和訳）

新しい同僚を歓迎するために、私たちはケーキを買いに行くつもりでしたが、近くにケーキ屋が見つからなかったので、私たちはケーキを他の贈り物に変えることにしました。

★ 話し手はなぜその後ケーキを買わないことにしたのですか？

（選択肢和訳）

A　新しい同僚は（ケーキを）食べるのが好きではないから

B　近くにケーキ屋がないから

C　他の贈り物を買ったから

> **解説** Aについては述べられていない。Cは"我们决定"と述べていることから、まだ他の贈り物を買っていないことが分かるので不適。ケーキ屋を見つけることができなかったという"但附近找不到蛋糕店"からBを選択。

63　正解 A

（問題文和訳）

風邪は私たちを大変不快にさせます。もし風邪を引いたら、薬を飲んで、たくさん水を飲むことを忘れないでください。それから休息を取ることにも気をつけましょう。

★　この話によると、風邪を引いた時は：

（選択肢和訳）

A　たくさん休むべきだ

B　必ず熱が出る

C　薬を飲む必要がない

> **解説**　Bについては述べられていない。Cは "要记得吃药"「薬を飲むことを忘れないように」とあることから不適。"还要注意休息" からAを選択。

64　正解 C

（問題文和訳）

来月、私は南方のある都市に行く予定です。そこの料理は（味が）比較的甘いという話なので、私は自分が慣れないのではないかと心配です。

★　話し手は何を心配していますか？

（選択肢和訳）

A　食べすぎること

B　常に体を鍛えられないこと

C　その土地の食べ物に慣れないこと

> **解説**　"那里的菜比较甜" とあるが、"自己会不习惯" と続くことからCを選択。"会" は副詞で、「～であろう、～はずである」の意味。Aはその逆の意となることから不適。Bは特に述べられていない。

65 正解 A

問題文和訳

車の運転技術が高くても気をつけてください。急いではいけません。特に学校、病院の近くでは、必ずゆっくり走行して、運転しながら路上の人に注意を払わなければなりません。

★　この話によると、どこで車を運転するのに必ずゆっくり走行しなければなりませんか？

選択肢和訳

A　病院の近く　　　B　公園の入り口　　　C　お店のそば

解説 "特別是在学校、医院附近，一定要慢下来…"からAを選択。"一定要〜"は「必ず、絶対に〜するべきだ」の意味で、"下来"は動詞の後ろについて方向補語となり、"慢下来"で「ゆっくり進み続ける」の意味。BやCは特に述べられていない。

66 正解 B

問題文和訳

(学生たちに) 皆さん、黒板を見てください！　私たちのクラスにはこの数学の問題が解けたのは3名しかいませんでしたが、私の言うことをしっかりと聞くだけで、皆さんはすぐにこの問題が実は難しくないことに気づくでしょう。

★　話し手はおそらく：

選択肢和訳

A　マネージャー　　　B　教師　　　C　医師

解説 "我们班"や"这个数学题"などから、教室での会話であることが分かる。Bを選択。"虽然A，但B"「Aではあるが Bである」と、"只要A就会B"「AするだけでB」の構文にも注意する。

67 正解 B

(問題文和訳)

中国人にとって、「食べる」ということは重要です。彼らは料理に多くの時間を費やします。料理をおいしく作るだけでなく、見た目もよく作ります。

★ 中国人の料理に対する要求は：

(選択肢和訳)

A 絶対に高価でなければならない

B 見た目をよく作るべきだ

C たくさん肉があるべきだ

(解説) "不但A，而且还B"「Aだけでなく、Bもさらに」の構文に注目する。Bに当たる箇所 "要把菜做得好看" からBを選択。選択肢AやCは言及されていない。"把"で目的語を動詞句の前に置き、どのような変化を与えるかを強調する構文が用いられていることにも注意。

68 正解 A

(問題文和訳)

近所の張おばあさんは子猫が大好きです。彼女は私が年越しに帰省する際には、私の猫の面倒を見てくれると言いました。

★ この話から分かるのは、張おばあさんは：

(選択肢和訳)

A 猫が好き

B きれい好き

C 年越しに旅行する

(解説) "张奶奶很喜欢小猫" や "她愿意帮忙照顾我的猫" からAを選択。BやCについては言及されていない。

69 正解 B

問題文和訳

授業まであと5分しかありません。前にはたくさん人がいて、これ以上待っていたら遅刻するでしょうから、やっぱり先に行きましょう。1限目が終わってから、また朝食を買いに来ましょう。

★ 話し手はまず何をしたいのですか？

選択肢和訳

A 朝食を買う　　B 授業に出る　　C ちょっとジョギングをする

解説 ★の文では「まず何をしたいのか」と、動作の順番を問われているので、"等到～以后，再…"という構文を用いている "等到第一节课下课以后，再来买早饭" からBを選択。Aは授業が終わってからにするため不適。Cは言及されていない。

70 正解 C

問題文和訳

都市の変化というのは大変早いですね！　子供の頃、父はいつも自転車に乗って私を学校に送ってくれました。30年余り経って、現在の人々はみな自動車を運転して子供を学校に送っているので、学校の校門ではいつも多くの自動車を見かけます。

★ 以前父親はどうやって話し手を学校に送っていましたか？

選択肢和訳

A 歩いて　　B 車を運転して　　C 自転車に乗って

解説 ★の文では「以前父親は」とあるので、話し手が子供の頃のことを述べているCを選択。Bは30年後の現在の状況についてである。Aは言及されていない。

3 书 写

71 正解 老师让我们打扫一下楼梯。

和 訳 先生は私たちに階段を少し掃除させます。

解説 使役動詞 "让" の後ろには名詞と動詞を伴う。よって "我们" の後ろには "打扫一下" が続く。"打扫一下" の目的語は "楼梯"「階段」である。

72 正解 椅子上放着一个花瓶。

和 訳 椅子の上に花瓶が置かれています。

解説 方位詞 "上" は名詞の後ろについて位置関係を示し、ここでは「椅子の上」の意味。これを主語に置けば存現文が作れるので、次に動詞である "放着" を置く。"着" は持続を表す助詞で、「動詞＋"着"」の形で「～ている、～てある」の意味。後ろに意味的な主語である "一个花瓶" を置いて完成。

73 正解 你一定要把字写清楚。

和 訳 あなたは必ず字をはっきりと書かなければなりません。

解説 「主語＋副詞＋助動詞」の語順である "你一定要" が文頭にくる。助動詞の後ろには動詞を置きたいが、"把" があるので処置文を考える。"把" のすぐ後ろには、動作を受ける対象である名詞 "字" をつける。動作の対象が受ける動作 "写清楚" を最後に置いて完了。

74 正解 天多么蓝啊！

和 訳 空はなんて青いのでしょう！

解説 「"多么"＋形容詞または動詞＋"啊"」で感嘆文「なんと～だ」の意味。主語に "天" をつけて完成。

75 正解 问题都被解决了。

和 訳 問題はすべて解決されました。

解説 "被" を使った受身文を作る。「A＋"被"（＋B）＋動詞＋その他の成分」の語順となる。まずAには "问题"、動詞には "解决了" を入れられる。副詞や助動詞などは "被" の前に置かれることから、選択肢にある副詞 "都" は "被" の前に置いて完成。

76 正解 比

和 訳

私は特にこの試合に参加したいです。

77 正解 包

和 訳

私の傘は私のかばんの中にありますので、それは私のではありません。

78 正解 时

和 訳

車に4時間乗って、ついに南京に着きました。

79 正解 色

和 訳

妹は絵を描くことを勉強していて、彼女はいろいろな色の鉛筆を買いました。

80 正解 年

和 訳

私たちが好きで食べている麺は、すでに4,000年余りの歴史があります。

3級 第2回
解答・解説

聴力試験・・・P.138〜P.155
読解試験・・・P.156〜P.167
書写試験・・・P.168〜P.170
例題の解答は P.14〜P.19 で紹介しています。

正解一覧

1. 听力

第1部分	1. F	2. C	3. E	4. A	5. B
	6. C	7. B	8. E	9. A	10. D
第2部分	11. ×	12. ✓	13. ×	14. ✓	15. ×
	16. ✓	17. ✓	18. ✓	19. ×	20. ×
第3部分	21. B	22. C	23. C	24. B	25. B
	26. A	27. C	28. B	29. A	30. C
第4部分	31. B	32. A	33. C	34. B	35. C
	36. A	37. B	38. A	39. B	40. C

2. 阅读

第1部分	41. D	42. F	43. A	44. B	45. C
	46. E	47. D	48. B	49. A	50. C
第2部分	51. B	52. F	53. A	54. C	55. D
	56. B	57. E	58. F	59. A	60. C
第3部分	61. C	62. A	63. A	64. C	65. B
	66. C	67. B	68. A	69. A	70. A

3. 书写

第1部分　71. 校长不在办公室。
72. 他每天都会玩儿半个小时的游戏。
73. 爸爸把盘子洗干净了。
74. 我想借你的笔记本。
75. 他们班的节目真好看。

第2部分　76. 习　　77. 买　　78. 城　　79. 太　　80. 问

1 听 力

1 正解 F

スクリプト

女：大家向我这儿看，笑一笑，一，二，三！好了。
男：谢谢你！

スクリプト和訳

女：みんな私の方を向いて、笑ってください。1、2、3！　いいですね。
男：ありがとうございます！

2 正解 C

スクリプト

男：这双鞋穿着舒服吗？
女：我觉得有点儿小，需要换双大点儿的。

スクリプト和訳

男：この靴は履き心地が良いですか？
女：私は少し小さく感じるので、大きめの物に換える必要があります。

3 正解 E

スクリプト

女：别做得太短了，短了不好看。
男：您看这么长，到腿这里可以吗？

スクリプト和訳

女：短くしすぎないでください。短いと見た目が良くありませんから。
男：ほら、こんなに長いですよ。脚のあたりまででいいですか？

4 正解 A

スクリプト

男：你筷子用得真好！
女：谢谢，我都来中国一年多了。

スクリプト和訳

男：あなたの箸の使い方は本当に上手ですね！
女：ありがとう。私は中国に来て1年余り経ちましたから。

5 正解 B

スクリプト

女：今天想听哪个故事呢？
男：我还想听昨天讲的那个，有意思极了！

スクリプト和訳

女：今日はどの物語を聞きたい？
男：僕は昨日聞いたあれをまた聞きたいな。とても面白いんだ！

6 正解 C

スクリプト

男：下山的路是这条吗？我们是不是走错了？
女：我也不清楚，看看地图吧。

スクリプト和訳

男：下山の道はこれですか？　私たちは道を間違えているのではありませんか？
女：私にもはっきり分からないので、地図を見てみましょう。

7 正解 **B**

スクリプト

女：下这么大的雨，你怎么来了？
男：你又没带伞，我来接你。

スクリプト和訳

女：こんなに大雨が降っているのに、あなたはどうして来たのですか？
男：あなたはまた傘を持っていなかったから、私が迎えに来ました。

8 正解 **E**

スクリプト

男：这个行李箱不错，就买这个吧。
女：这个不便宜，我们再看看其他的吧。

スクリプト和訳

男：このスーツケースはなかなか良いので、これを買いましょう。
女：これは安くないので、私たちは他の物も見てみましょう。

9 正解 **A**

スクリプト

女：房间里太热了，我们开空调吧！
男：好啊，但是别开太久，小心感冒。

スクリプト和訳

女：部屋の中が暑すぎるので、私たちはエアコンをつけましょうよ！
男：いいですよ。でも長時間つけてはいけません。風邪に気をつけましょう。

10 正解 **D**

男：你看，词典上是这么写的。
女：是啊，没想到我一直读错了。

スクリプト和訳

男：ほら見てください、辞書にはこんなふうに書いてあります。
女：そうですね。私はずっと読み間違えていたなんて思ってもみませんでした。

第
2
回

11 正解 ✕

> スクリプト

公园的西北边有一条小河，那儿人不多，非常安静，我有时候会去那儿练习中文。

> スクリプト和訳

公園の北西側には小川があります。そこは人が多くなく（少なく）、とても静かなので、私は時々そこに行って中国語を練習しています。

問題文和訳 ★ その川は公園の南側にある。

12 正解 ✓

> スクリプト

除了丁小丽外，班里其他二十三个人都参加了周末的运动会。

> スクリプト和訳

丁小麗以外、クラスの他の23名はみんな週末の運動会に参加しました。

問題文和訳 ★ 丁小麗は週末の運動会に参加しなかった。

13 正解 ✕

> スクリプト

刚才小王打电话跟我说，因为北京那边的天气非常差，我们的飞机今天飞不了了，明天才能起飞。

> スクリプト和訳

さっき王さんが私に電話してきて、北京のあたりの天気はとても悪いから、私たちの飛行機は今日飛べなくなったけれど、明日になれば飛ぶことができると言いました。

問題文和訳 ★ 飛行機は今日飛ぶことができる。

14 正解 ✓

> スクリプト

这条裤子穿上很好看，但是我已经有好几条蓝色的裤子了，不想再买蓝色的了。

> スクリプト和訳

このズボンははくと格好いいのですが、私はもう何着も青いズボンを持っているので、もう青色のは買いたくありません。

問題文和訳 ★ そのズボンは青い。

15 正解 ✗

> スクリプト

秋天是我最喜欢的季节，不冷也不热，让人觉得很舒服。

> スクリプト和訳

秋は私が一番好きな季節です。寒くもなく暑くもなく、心地良く感じられます。

問題文和訳 ★ 話し手は夏が一番好きだ。

16 正解 ✓

> スクリプト

我对历史很感兴趣，在我看来，学历史就像读故事一样，很有意思。

> スクリプト和訳

私は歴史にとても興味があります。私の考えでは、歴史を学ぶことは物語を読むようで、とても面白いです。

問題文和訳 ★ 話し手は歴史を勉強することがとても好きだ。

17　正解 ✓

昨天刮大风，把我头上的帽子刮跑了，我找了很多地方，还是没找到。

昨日は強い風が吹いて、頭にかぶっていた帽子が飛ばされました。あちこち探しましたが、見つかりませんでした。

問題文和訳　★　話し手の帽子は見あたらなくなった。

18　正解 ✓

家里的冰箱是十年前买的，我一直想换个新的，但丈夫不同意，说又没坏，先用着吧。

家の冷蔵庫は10年前に買ったもので、私はずっと新しいものに換えたいと思っていますが、夫は同意していません。まだ壊れていないので、とりあえず使い続けるように言うのです。

問題文和訳　★　家の冷蔵庫は大変古い。

19　正解 ✗

我今年三十岁了，身边的人都问我，为什么还不结婚。但我自己一点儿也不着急，觉得一个人也可以过得很好。

私は今年30歳になりました。周りの人がみんな私に、なぜまだ結婚しないのかと聞きます。でも私自身はちっとも焦っていません。一人でも楽しく過ごせると思うからです。

問題文和訳　★　話し手はとても結婚したいと思っている。

スクリプト

小张很喜欢吃蛋糕，但医生说他太胖了，应该少吃甜的东西。他妈妈为了让他瘦下来，不但不让他吃蛋糕，还让他多做体育锻炼。

スクリプト和訳

張さんはケーキを食べることが大好きですが、医者は彼に、太りすぎなので甘い物を食べるのは控えるべきだと言っています。彼の母親は彼が痩せるためにと、ケーキを食べさせないようにするだけでなく、たくさん運動させています。

(問題文和訳) ★ 母親は張さんが痩せすぎだと思っている。

第2回

21 正解 B

スクリプト

女：我买了一条新裙子，打算下周见老同学时穿，怎么样?

男：真好看! 就穿这条吧。

问：女的买了什么?

スクリプト和訳

女 ：私は新しいスカートを1枚買いました。来週、昔の同級生に会う時にはくつもり
　　です。どうですか？

男 ：本当にきれいですね！　それをはいたらよいですよ。

問題：女性が買ったのは何ですか？

選択肢和訳

A　飲み物　　B　スカート　　C　シャツ

22 正解 C

スクリプト

男：你看见今天刚来的新同事了吗?

女：中午吃饭时看见了，头发长长的，个子高高的。

问：关于新同事，可以知道什么?

スクリプト和訳

男 ：あなたは今日来たばかりの新しい同僚を見かけましたか？

女 ：お昼の食事の時に見かけました。髪が長くて、背が高かったです。

問題：新しい同僚について、何が分かりますか？

選択肢和訳

A　よく笑う　　B　背が低い　　C　髪が長い

23 正解 C

スクリプト

女：李老师看起来真年轻！一点儿也不像五十岁的人。
男：是啊，他有爬山的习惯，所以身体好。
问：男的认为李老师的身体为什么很好？

スクリプト和訳

女 ：(教師の) 李先生は見たところ本当に若いです！　ちっとも50歳には見えません。
男 ：そうですね。彼は山に登る習慣があるので、体が健康です。
問題：男性は李先生の体がなぜ健康だと思っていますか？

選択肢和訳

A　健康的に食べる　　　B　出勤しなくてよい　　　C　よく山に登る

24 正解 B

スクリプト

男：今晚你有时间吗？要不要一起去看个电影？
女：我不怎么喜欢看电影，你还是问问别人吧。
问：女的是什么意思？

スクリプト和訳

男 ：今晚、時間はありますか？　一緒に映画を観に行きませんか？
女 ：私はどうも映画を観るのが好きではありませんので、やはり他の方に聞いてみて
　　ください。
問題：女性が言っているのはどういう意味ですか？

選択肢和訳

A　夜に用事がある　　　B　映画を観たくない　　　C　他の人と知り合いになりたい

25 正解 B

スクリプト

女：请问离这儿最近的超市怎么走？
男：你看见那边的图书馆了吗？它旁边就有一个。
问：女的想去哪儿？

スクリプト和訳

女　：お尋ねしますが、ここから一番近いスーパーにはどうやって行けばよいですか？
男　：あそこの図書館は見えますか？　そのそばに1軒あります。
問題：女性はどこに行きたいのですか？

選択肢和訳

A　病院　　B　スーパー　　C　図書館

26 正解 A

スクリプト

男：我都穿了三件衣服了，还是觉得冷。
女：你是不是发烧了？发烧的人会特别怕冷。
问：男的怎么了？

スクリプト和訳

男　：私は服をもう3枚も着ましたが、まだ寒く感じます。
女　：熱があるのではありませんか？　熱がある人は特に寒がりますから。
問題：男性はどうしたのですか？

選択肢和訳

A　寒いと思っている　　B　薬を飲み忘れた　　C　薄着

27 正解 **C**

スクリプト

女：小林，周日我要搬家，你能来帮个忙吗?

男：不好意思! 我最近牙疼，周日要去看牙医。

问：男的周日有什么打算?

スクリプト和訳

女 ：林さん、日曜日に私は引っ越しする予定ですが、あなたは手伝いに来られますか?

男 ：すみません! 私は近ごろ歯が痛くて、日曜日は歯医者に診てもらうつもりなんです。

問題：男性は日曜日に何をするつもりですか?

選択肢和訳

A 引っ越しする 　　B 球技をする 　　C 歯医者に診てもらう

28 正解 **B**

スクリプト

男：这儿打车怎么这么难? 都十分钟了，一辆出租车都没看见。

女：别等了，我们还是坐地铁去火车站吧。

问：女的想怎么去火车站?

スクリプト和訳

男 ：ここでタクシーを拾うのはどうしてこんなに難しいんでしょう? もう10分です。1台のタクシーも見つかりません。

女 ：待つのをやめて、私たちはやはり地下鉄に乗って（列車の）駅に行きましょう。

問題：女性はどうやって（列車の）駅に行こうと思っていますか?

選択肢和訳

A 歩く 　　B 地下鉄に乗る 　　C タクシーに乗る

29 正解 A

スクリプト

女：你把信用卡放哪儿了? 不在你钱包里。
男：应该在我房间的书桌上。
问：信用卡在哪儿?

スクリプト和訳

女　：あなたはクレジットカードをどこに置いたのですか？　あなたの財布の中にありません。
男　：私の部屋の勉強机の上にあるはずです。
問題：クレジットカードはどこにありますか？

選択肢和訳

A　机の上　　B　財布の中　　C　トイレ

30 正解 C

スクリプト

男：没想到你家也在这儿! 我住三楼，你呢?
女：我就在你上面两层，五楼。
问：女的住在几楼?

スクリプト和訳

男　：まさかあなたのお住まいもここだとは思ってもみませんでした！　私は3階に住んでいますが、あなたは？
女　：私はあなたの2階上の、5階です。
問題：女性は何階に住んでいますか？

選択肢和訳

A　2階　　B　3階　　C　5階

31 正解 B

スクリプト

男：您好，听说你们这儿有留学生能做的工作。
女：你现在的汉语水平怎么样?
男：我和中国人说话没什么问题。
女：好，你一周可以来上几天班呢?
问：男的去那里做什么?

スクリプト和訳

男　：こんにちは。こちらで留学生にできる仕事があると伺ったのですが。
女　：あなたの今の中国語のレベルはどうですか？
男　：私は中国人との会話には何の問題もありません。
女　：分かりました。1週間のうち何日出勤できますか？
問題：男性はそこに行って何をしていますか？

選択肢和訳

A　中国語を勉強している　　B　仕事を探している　　C　成績を調べている

32 正解 A

スクリプト

女：你打算什么时候回国?
男：下个月。你看我给朋友们送些什么礼物比较好?
女：可以买点儿中国茶。
男：过两天我去店里看看。
问：女的觉得可以送朋友们什么?

スクリプト和訳

女　：あなたはいつ帰国するつもりですか？
男　：来月です。私が友人たちに贈り物をするには何が良いと思いますか？
女　：中国茶を買うのが良いですよ。
男　：数日したら私はお店に行って見てきます。
問題：女性は友人たちに何を贈れば良いと思っていますか？

選択肢和訳

A　お茶　　B　ペン　　C　コーヒー

33 正解 **C**

スクリプト

男：医生，我这周能出院吗?
女：别急，生了病哪有这么快就能好的?
男：但是我下周有个很重要的考试。
女：这样吧，你先吃三天药，我到时候看看再说。
问：男的为什么着急出院?

スクリプト和訳

男　：(医師に)先生、私は今週退院できますか?
女　：慌てないでください。病気になったのだから、そんなにすぐに良くなることはないでしょう?
男　：でも私は来週大事な試験があるのです。
女　：じゃあこうしましょう。まず3日間薬を飲んでください。その時になったら見てみて(診察してみて)また話しましょう。
問題：男性はなぜ退院を急いでいるのですか?

選択肢和訳

A　休暇を取っていないから　　B　遅刻しそうだから　　C　来週試験があるから

34 正解 **B**

スクリプト

女：不好意思，昨天我把雨伞忘在你们饭店了。
男：这个是您的吗?
女：不是。我的是黄色的，上面有些小花儿。
男：好，我再给您找一找。
问：女的把什么丢了?

スクリプト和訳

女　：(店員に)すみません、昨日私はこちらのレストランに傘を忘れてしまいました。
男　：これはあなたのですか?
女　：いいえ。私のは黄色です。表面に小さな花があります(小さな花の柄がついています)。
男　：分かりました。もう少し探してみます。
問題：女性は何をなくしたのですか?

選択肢和訳

A　花　　B　傘　　C　コップ

35 正解 C

スクリプト

男：我真不喜欢楼下的新邻居。
女：怎么了？
男：他总是在大晚上唱歌，声音还特别大。
女：你可以跟他说说，让他注意一点儿。
问：关于新邻居，可以知道什么？

スクリプト和訳

男 ：私は下の階の新しい住人が本当に嫌いです。
女 ：どうしたのですか？
男 ：彼はいつも深夜に歌を歌って、声がとても大きいからです。
女 ：あなたは彼と少し話して、少し注意してあげたらいいでしょう。
問題：新しい住人について、何が分かりますか？

選択肢和訳

A　きれい好きではない　　B　音楽を聴くのが好き　　C　よく大声で歌っている

36 正解 A

スクリプト

女：您好，香蕉怎么卖？
男：八块钱一斤。
女：怎么比别的水果店贵了那么多？
男：我的香蕉更新鲜啊。
问：为什么那家的香蕉贵？

スクリプト和訳

女 ：（店員に）こんにちは、バナナはいくらですか？
男 ：500グラム8元です。
女 ：どうして他の果物屋よりこんなに高いのですか？
男 ：うちのバナナはより新鮮だからですよ。
問題：なぜその店のバナナは高いのですか？

選択肢和訳

A　より新鮮だから　　B　とても甘いから　　C　より大きいから

153

37 正解 B

スクリプト

男：你这边的耳朵有点儿红。
女：我看看，是比右边的红。
男：疼吗？
女：不疼，可能过一会儿就好了。
问：女的怎么了？

スクリプト和訳

男 ：あなたのこちら側の耳が少し赤いです。
女 ：見てみます。右側よりも赤いです。
男 ：痛いですか？
女 ：痛くありません。少ししたら良くなるでしょう。
問題：女性はどうしたのですか？

選択肢和訳

A 脚が痛い　　B 耳が赤くなった　　C 鼻の調子が悪い

38 正解 A

スクリプト

女：听说你换工作了，不在银行上班了？
男：对，我一个月前就离开了。
女：为什么？那工作不错啊。
男：太累了，经常晚上十一二点才能回家。
问：男的觉得在银行工作怎么样？

スクリプト和訳

女 ：あなたは仕事を変えたそうですが、銀行で働いていないのですか？
男 ：そうです。私は1か月前に辞めました。
女 ：どうしてですか？　あの仕事は悪くなかったでしょう。
男 ：大変疲れました。いつも夜11時、12時にならないと帰宅できませんでした。
問題：男性は銀行での仕事をどう思っていますか？

選択肢和訳

A 大変疲れた　　B お金が少ない　　C 退勤が早い

39 正解 B

スクリプト

男：小美，你为什么不把面包吃完呢？

女：爸爸，我想拿回去给家里的小鸟吃。

男：小鸟有吃的，而且你不吃完上课会饿的。

女：好吧，爸爸。

问：小美怎么不吃面包了？

スクリプト和訳

男　：小美、君はなぜパンを食べ終わっていないの？

女　：お父さん、私はこれを持って帰って家の小鳥に食べさせたいの。

男　：小鳥には食べるものがあるし、君は食べずに授業に出たらお腹が空くよ。

女　：分かった、お父さん。

問題：小美はなぜパンを食べなかったのですか？

選択肢和訳

A　食べるのが嫌いだ　　B　鳥に食べさせたい　　C　食べすぎた

40 正解 C

スクリプト

女：吃了晚饭我们一起去超市吧。

男：我还有点儿事情没做完。

女：那你想买点儿什么？我给你带回来。

男：就帮我带几瓶啤酒吧。

问：男的想买什么？

スクリプト和訳

女　：夕飯を食べたら一緒にスーパーに行きましょう。

男　：私はちょっとやる事がまだ終わっていません。

女　：それでは何を買いたいですか？　私はあなたに買ってきます。

男　：ではビールを何本か買ってきてください。

問題：男性は何を買いたいのですか？

選択肢和訳

A　魚　　B　羊肉　　C　ビール

2 閲 読

第1部分 | 問題 p.45 〜 p.46

41 - 45

選択肢和訳

A　私は風邪を引いたので、家で1日休みました。

B　明日のお昼の11時にしましょう。

C　そうですね。私の前には12人もいますよ！　どれだけ待つか分かりません。

D　（男性客に）お客様、ご注文は何になさいますか？

E　もちろんです。私たちはまずバスに乗って、それから地下鉄に乗り換えます。

F　私のそばのこの人ですか？　私の（父方の）祖父です。

41　正解 D

問題文和訳

私はまずメニューをちょっと見てみます。

> 解説　"菜单" は「メニュー」の意味なので、店内での会話だと想像できる。Dを選択。

42　正解 F

問題文和訳

真ん中に立っているこの人は誰ですか？

> 解説　"这个人是谁?" と人を尋ねていることから、Fを選択。"站在中间" は「動詞＋"在"＋場所」の形で「〜に…ている」の意味。これに接続助詞 "的" がついて "这个人" を修飾している。

43 正解 A

(問題文和訳)

あなたは昨日どうして出勤しなかったのですか？

解説 "昨天怎么没来"から過去の出来事の否定形だと分かる。理由を述べているＡを選択。

44 正解 B

(問題文和訳)

私たちはいつ会いますか？

解説 時を尋ねる疑問詞"什么时候"があるので、時間についての答えＢを選択。

45 正解 C

(問題文和訳)

今日は銀行の中は本当に人が多いですね！

解説 「"真"＋形容詞」で「本当に〜」の意味。"人真多"は「本当に人が多い」の意味。よって人数が多いことや待ち時間について述べているＣを選択。

46 - 50

(選択肢和訳)

A　この文はどんな意味ですか？

B　エレベーターが壊れたので、私は階段を上がって来たのです。

C　林さん、数週間お見かけしませんでしたが、どうして痩せたのですか？

D　どういたしまして。私の娘と彼（息子さん）は楽しく遊びました。

E　あなたは今日一人で家にいますが、いつまでもテレビを見たりパソコンで遊んだりしていてはいけません。

46　正解 E

(問題文和訳)

分かりました。あなたが退勤するまでに、私は必ず宿題を終わらせますよ！

解説　"知道了" と相手の要求に同意していること、"一定会〜" は「必ず〜するだろう」の意味であることから、E を選択。

47　正解 D

(問題文和訳)

私の息子の面倒を見てくださってありがとうございます！

解説　"谢谢" に対する返事として "不客气" が妥当なので、Dを選択。"儿子" は「息子」の意味で、Dの "他" のことである。

48　正解 B

(問題文和訳)

あなたは少し疲れているように見えますが、どうしたのですか？

解説　"看起来" は「見たところ〜だ、〜に見える」の意味。"有点儿" は否定的な意味の形容詞が後ろについて、「ちょっと〜だ」の意味。Bを選択。Bのうち "是爬楼梯上来的" は "是…的" 構文であり、"爬楼梯上来"「階段を上がって来た」ことを強調している。

49 正解 **A**

(問題文和訳)

私にも分からないので、先生に聞きに行きましょう。

解説 　副詞 "也" は「～も」、"不明白" は「分からない」の意味。"什么意思" と意味を尋ねているAを選択。

50 正解 **C**

(問題文和訳)

実のところ私は結構食べているのですが、最近は仕事が忙しすぎるからでしょう。

解説 　「動詞＋"得"＋形容詞」の形で状態を表す補語となる。"吃得不少" で「食べることが少なくない」＝「結構食べている」の意味。続く "可能是最近工作太忙了" からも、"你怎么瘦了" と尋ねているCを選択。

第2部分	問題 p.47 ～ p.48

51 - 55

選択肢和訳

A　怒る　　　B　以前　　　C　理解する

D　瓶　　　　E　声　　　　F　はっきり（している）

51　正解 B

問題文和訳

昨日、私は帰宅途中に［以前］の小学校の同級生王剛に会いました。

> **解説**　動詞 "遇到" の後ろは目的語となる人や事物を表す名詞句だが、接続助詞 "的" によって "小学同学" を修飾する表現が必要なので、意味的に「同級生」を修飾できるBを選択する。

52　正解 F

問題文和訳

（距離が）遠すぎるので私には［はっきり］見えません。

> **解説**　動詞 "看" のすぐ後ろに否定の "不" があることから、可能補語を考える。「主語＋動詞＋"得" ／ "不"＋結果補語＋目的語」の形。結果補語になれるのは動詞か形容詞のみなので、Fを選択。

53　正解 A

問題文和訳

あなたはもう［怒ら］ないでください。彼女はまだ子供です。次はこんなことはないでしょうから。

> **解説**　「"別再"＋動詞＋"了"」で「もう～するな」という禁止の意味になる。動詞が入るが、前後の意味からAを選択。

54 正解 C

問題文和訳

私が中国語を勉強しているのは、自分で中国文化をより多く［理解し］たいからです。

解説 "我学中文"の理由は"是因为…"以降に述べられている。"我希望"の目的語は"自己～中国文化"までであり、"自己～中国文化"の中も「主語＋助動詞＋動詞＋目的語」の文が存在している。したがって動詞が入るのでCを選択。

55 正解 D

問題文和訳

バッグの中に［瓶］が1本あるので、取り出してもらえますか。

解説 動詞"有"の後ろは目的語が入る。"个"という数を数える量詞が続くことから名詞であるDを選択。

56 - 60

選択肢和訳

A　答える	B　明かり	C　わりと～だ
D　趣味	E　急ぐ	F　まず

56 正解 B

問題文和訳

A：何時ですか？　部屋の中はどうしてこんなに暗いのですか？

B：私が［明かり］をつけに行きましょう。

解説 "把"と空欄を挟んで「動詞＋結果補語」構造の"打开"があるので、目的語を動詞句の前に移動させて、それに何らかの処置を加えたことを強調する処置式文であることを考える。空欄には目的語として名詞が入るが、"房間里怎么这么黑"と言っていることからBを選択。

57 正解 E

問題文和訳

A：あなたは［急ぐ］ことはありません。ゆっくり話してください。

B：さっきあなたのご主人があなたに電話をかけてきました。あなたの息子さんが病気になったので、すぐに病院に行くようにとおっしゃいました。

解説 "别～"で「～するな」という禁止の形だが、後ろに"慢慢说"「ゆっくり話してください」とあるので、逆の意味であるEを選択。

58 正解 F

問題文和訳

A：食事はいつ出来上がりますか？

B：すぐに食べられます。あなたは［まず］手を洗ってきてください。

解説 "你去洗手"とすでに「主語＋動詞＋目的語」の語順が出来上がっているが、動詞"去"の前に入る品詞としては副詞となり、Fを選択。

59 正解 A

問題文和訳

A：李さん、あなたはこの問題に［答え］られますか？

B：はい。私は昨日、復習しました。

解説 助動詞"能"は「（能力がある場合や条件的に）～ができる」の意味。後ろには動詞が入るためAを選択。

60 正解 C

問題文和訳

A：私たちの料理はどうしてまだ来ないのですか？

B：すみません。今日はお客様が［わりと］多いものですから。

解説 形容詞述語文。主語は"店里的客人"、述語となる形容詞は"多"だが、形容詞の前に入れられるのは副詞である。会話の内容からCを選択。

61 正解 C

問題文和訳

私たちは1位にはなれなかったけれど、私はそれでもうれしいです。なぜならこの試合で、私のようにバスケットボールが好きな友人とたくさん知り合えたからです。

★ 話し手がうれしいのは：

選択肢和訳

A 1位を取ったから

B さっきジョギングをしたから

C 新しい友達に知り合えたから

解説 "因为"の後ろの内容"我认识了很多和我一样爱打篮球的朋友"に注目する。このうち"和我一样爱打篮球的"は"朋友"を修飾していて、"和…一样"は「～と同じ」という意味。Cを選択。Aは実際とは反対の結果を述べているため不適で、Bは言及されていない。

62 正解 A

問題文和訳

私の母は初めのうちは私が音楽を学ぶことに同意しませんでしたが、私は母の意見を聞きませんでした。私は当時、音楽が大好きだったので、自分で勉強してみたり、コンクールに出場したりもして、その後にだんだん有名になっていきました。

★ 話し手は：

選択肢和訳

A 後に有名になった

B 音楽に興味がない

C 母の意見は正しいと思っている

解説 "一开始"は「初めは、初めのうちは」の意味。後ろに逆接の接続詞"但"が入り、"我没听她的话"からCは不適である。また"我那时非常喜欢音乐"ともあるのでBも不適。文の最後にも同じことが述べられているAを選択。

63 正解

問題文和訳

これは私たちのクラスの本です。あなたはまずそれらを教室に移動して、それからまた事務室に来てみんなの課題を持ち帰りなさい。

★ 本を移動するべきなのは：

選択肢和訳

A 教室

B 体育館

C 事務室

> **解説** "先A然后再B" は「まずAをしてからBをする」の意味。★の文で聞かれている "搬到" は「〜へ移動する」であることから "把它们搬到教室" に着目する。"它们" は "书" であることからAを選択。Cは移動した後の場所、Bは言及されていないため不適。

64 正解

問題文和訳

昨日出かける前に、私は航空券と財布だけ調べました。空港に着いてやっとパスポートを持ってくるのを忘れていたことに気づきました。幸い家を出た時間が早かったので、家に取りに戻ってからでも飛行機に乗ることができました。

★ 話し手はどんな問題に遭遇したのですか？

選択肢和訳

A 出かけるのが遅かった

B 飛行機に乗れなかった

C パスポートを持ってくるのを忘れた

> **解説** "到机场后才发现忘记带护照了" とあるのでCを選択。副詞 "才" は「やっと、ようやく」の意味。"我出来得早" とあるのでAは逆の意味になり不適で、また "还是坐上了飞机" よりBも不適。

65 正解 B

問題文和訳

私は子供の頃から水が怖かったので、水泳が一番怖かったです。学校では水泳の授業になると泣きたくなりました。

★ 話し手が怖いのは：

選択肢和訳

A 入浴

B 水泳

C 飲酒

> **解説** "从小" は「子供の頃から」、"很怕水" は「水が怖い」の意味。続いて接続詞 "所以"「だから」をはさんで "最害怕游泳" と述べており、Bを選択。AやCについては特に言及されていないので不適。

66 正解 C

問題文和訳

今日授業に来る途中、自転車が突然壊れました。どうしたらよいか分からずにいた時、1人のおじいさんが（私のために）ちょっと見てあげようと言ってくれました。わずかな時間で、自転車は乗れるようになりました。

★ 話し手はどうしたのですか？

選択肢和訳

A 喉が大変渇いた

B 道を忘れてしまった

C 自転車が壊れた

> **解説** 解答の選択肢にある語から内容を追っていくと、話題は "自行车" であることが分かる。"自行车突然坏了" は「自転車が突然壊れた」、"自行车就能骑了" は「自転車はすぐに乗れるようになった」の意味であり、Cを選択。AやBは言及されていないので不適。

第2回

正解 B

【問題文和訳】

私の（父方の）祖母は80歳になりましたが、彼女は自分がまだ若いと思っていて、いつも私にパソコンの使い方を習っています。今、彼女はパソコンでチャットができるようになりました。数日前には、どうやってインターネットで買い物をするかを習いたいと私に言ってきました。

★ 話し手の（父方の）祖母がパソコンを使ってできることは：

【選択肢和訳】

A 買い物

B おしゃべり（チャット）

C 電子メールを送る

> 解説 ★の文で質問されている "用电脑" とある箇所に注目する。"现在她会用电脑聊天儿了" からBを選択。Cは言及されていない。Aは "跟我说她想学习…买东西" から、これからの話なので不適。

正解 A

【問題文和訳】

私たちはいつもこのような事に出くわします。長いこと努力しても、成績はやっぱり上がらず、それから勉強に対してますます熱意が冷めていきます。実はこの時に私たちはこう信じるべきなのです。努力をし続ければ、必ず良くなると。

★ この話が主に私たちに伝えたいことは：

【選択肢和訳】

A 努力をするべきである

B 熱意が一番重要だ

C 選択肢は多ければ多いほど良い

> 解説 選択肢に含まれる名詞 "努力"、"热情"、"选择" に注目して本文を見ていく。最後の一文 "努力下去，一定会好起来的" からAを選択。Bの "热情" については本文でも述べられているが、重要かどうかについては言及されておらず、Cの "选择" についても言及されていないので、いずれも不適。

69 正解 A

問題文和訳

私は王小明とどうしてこんなに仲が良いのでしょうか？　それは私の父と彼の父が職場の同僚で、毎日彼の父が私たちを学校まで送るか、そうでなければ私の父が送ってくれるからです。私たち二人はほとんど毎日一緒に登下校しています。時間が経つうちに、私たちは次第に良い友人となりました。

★　話し手と王小明は：

選択肢和訳

A　仲が良い

B　趣味が同じだ

C　同じ学校にいない

> **解説**　最後の一文 "时间久了，我们就慢慢地是好朋友了" からAを選択。"我们两个几乎天天一起上学放学" のためCは不適。Bは言及されていない。

70 正解 A

問題文和訳

妹は10年間仕事をした後、急に今の仕事に対して満足できないと思い、海外留学することを決めました。留学には多額の費用がかかりますが、彼女は学びたいものがあるなら、たとえいくらお金がかかっても本望だと思っています。

★　妹は：

選択肢和訳

A　海外留学したい

B　いくらもお金を使っていない

C　家を離れたくない

> **解説**　介詞 "对" は「〜に対して、ついて」の意味。Aを選択。"虽然A，但是B" は「Aではあるが B」、"再A也B" は「たとえAであっても B」の意味。"花再多钱她也愿意" で「たとえいくらお金がかかっても本望だと思っています」となる。選択肢B "没花多少钱" は「いくらもお金を使っていない」であり、Cは言及されていないためそれぞれ不適。

3 書 写

第 1 部分 問題 p.52

71 正解 校长不在办公室。

(和 訳) 校長先生は事務室にいません。

> 解説 初めに主語を探す。この場合は"校长"である。次に動詞を探す。存在を表す動詞"在"の否定形"不在"を置き、最後に目的語である場所"办公室"を置いて完成。

72 正解 他每天都会玩儿半个小时的游戏。

(和 訳) 彼は毎日（どの日もすべて）30分ゲームをして遊んでいるでしょう。

> 解説 "都"は「すべて」、「いずれも」の意味を表す副詞、"会"は可能性を表す助動詞なので、どちらもその後ろに動詞か形容詞を取り得るが、副詞は動詞句を修飾するので"都会～"とする。その後ろに動詞"玩儿"が続くものと考えて、目的語として"半个小时的游戏"を続け、「主語＋時間詞」である"他每天"を前に置けば完成。"都"は"每～都…"の形で"每"に呼応して、「どの～もすべて…」という意味を強調するために用いられることが多いことも語順を確定するヒントになる。

73 正解 爸爸把盘子洗干净了。

(和 訳) 父はお皿をきれいに洗いました。

> 解説 "把"があるので処置文を考える。すぐ後ろには名詞が入ることから"盘子"を置く。"盘子"がどう処置されるのかという動作"洗"と、その結果"干净"が続く。その「動詞＋結果補語」で表された状態が完了したものとしてその後ろに"了"を置いて"洗干净了"とする。

74 正解 我想借你的笔记本。

(和　訳) 私はあなたのノートを借りたいです。

解説　"我想" の "想" は助動詞と考えて後ろに動詞 "借" を置く。"你的" の "的" は接続助詞のため、後ろには名詞 "笔记本" を置いて完成。

75 正解 他们班的节目真好看。

(和　訳) 彼らのクラスの演目は本当に面白いです。

解説　主語は "他们班" だが、後ろに接続助詞 "的" があるため名詞 "节目" が入る。副詞 "真" の後ろには動詞または形容詞が続くため "好看" を入れて完成。

76 正解 习

（ 和 訳 ）
ご飯の前に手を洗うのは良い習慣です。

77 正解 买

（ 和 訳 ）
これはあなたが買ったリンゴで、合計8元です。

78 正解 城

（ 和 訳 ）
これらの古い写真は、あなたがこの都市の50年来の変化を理解するのに役立つでしょう。

79 正解 太

（ 和 訳 ）
この飲み物は甘すぎるので、私は好きではありません。

80 正解 问

（ 和 訳 ）
何日も考えて、彼はようやくその問題を解決しました。

3級 第3回
解答・解説

聴 力 試 験・・・P.172 ～ P.189

読 解 試 験・・・P.190 ～ P.201

書 写 試 験・・・P.202 ～ P.204

例題の解答は P.14～P.19 で紹介しています。

正解一覧

1. 听力

第1部分	1. B	2. F	3. C	4. E	5. A
	6. B	7. A	8. C	9. E	10. D
第2部分	11. ✓	12. ×	13. ✓	14. ✓	15. ✓
	16. ×	17. ✓	18. ×	19. ×	20. ×
第3部分	21. A	22. C	23. C	24. A	25. C
	26. A	27. B	28. B	29. A	30. C
第4部分	31. C	32. B	33. B	34. B	35. C
	36. A	37. A	38. A	39. B	40. C

2. 阅读

第1部分	41. C	42. D	43. A	44. F	45. B
	46. B	47. C	48. E	49. D	50. A
第2部分	51. D	52. A	53. C	54. F	55. B
	56. E	57. A	58. B	59. F	60. C
第3部分	61. A	62. C	63. A	64. C	65. A
	66. B	67. C	68. B	69. B	70. B

3. 书写

第1部分	71. 我不明白他为什么哭了。
	72. 这个故事多么有意思！
	73. 这两个国家的关系非常好。
	74. 我发现其实他特别聪明。
	75. 大熊猫对环境的要求高。

第2部分	76. 知	77. 文	78. 心	79. 字	80. 米

1 听 力

1 正解 B

スクリプト

女：我想送朋友一个杯子，你觉得哪个颜色好？
男：如果是男生就选蓝色的，女生就选红色的。

スクリプト和訳

女：私はコップを1つ友達にプレゼントしたいのですが、何色がよいと思いますか？
男：もし男性なら青色で、女性なら赤色を選ぶといいですよ。

2 正解 F

スクリプト

男：这个牛肉做得怎么样？
女：好吃！你快教教我。

スクリプト和訳

男：この牛肉の料理はどうですか？
女：おいしいです！ 早く私にちょっと教えてください。

3 正解 C

スクリプト

女：谢医生，您同意十号床的病人出院了吗？
男：对，我给他开了一些药回家吃。

スクリプト和訳

女：（医師の）謝先生、先生は10番ベッドの患者の退院に同意されましたか？
男：はい。私は彼に家に帰って飲むようにといくつか薬を処方しました。

4 正解 **E**

スクリプト

男：怎么又上不了网了?
女：这个旧电脑总是有问题，我给您换个新的吧！

スクリプト和訳

男：どうしてまたインターネットに繋がらなくなったのでしょう？
女：この古いパソコンはいつも問題があるので、私が新しいのに交換してあげましょう！

5 正解 **A**

スクリプト

女：这都几点了? 别看了!
男：这个比赛四年オ一次，我一定不能错过。

スクリプト和訳

女：もう何時になっているの？（もう何時だと思っているの？） もう見るのはやめなさい！
男：この試合は4年に1回しかないから、僕は絶対に見逃すわけにはいかないんだ。

6 正解 **B**

スクリプト

男：到了中国就给我们打电话，注意身体，照顾好自己。
女：放心吧! 我都二十岁了。

スクリプト和訳

男：中国に着いたら私たちに電話をしなさい。体に気をつけて、自分を大事にするんだよ。
女：安心して！ 私はもう20歳になったのだから。

7 正解 **A**

スクリプト

女：你上下班坐公共汽车还是开车？
男：以前是自己开车，最近长胖了几斤，就骑自行车上下班了。

スクリプト和訳

女：あなたはバスに乗って通勤・退勤しますか、それとも車を運転して通勤しますか？
男：以前は自分で車を運転していましたが、最近は何キログラムか太ったので、自転車で通勤・退勤するようになりました。

8 正解 **C**

スクリプト

男：你怎么在做蛋糕？
女：我周末要去朋友家做客，打算做见面礼。

スクリプト和訳

男：あなたはどうしてケーキを作っているのですか？
女：私は週末に友達の家に招かれたので、手みやげにするつもりなのです。

9 正解 **E**

スクリプト

女：我要参加一个重要会议，穿哪件衣服好？
男：穿这条绿裙子吧！

スクリプト和訳

女：私は重要な会議に参加しなくてはならないのですが、どの服を着たらいいでしょう？
男：この緑色のスカートをはいたらいいですよ！

10 正解

スクリプト

男：去年夏天我们去上海玩儿了，这些照片就是那时候照的。
女：看起来真不错！

スクリプト和訳

男：去年の夏に私たちは上海に遊びに行きました。これらの写真はその時撮ったものです。
女：見たところとっても素敵ですね！

11 正解 ✓

スクリプト

张东很喜欢运动，他会踢足球、打篮球，还会游泳，只是游得不太好。

スクリプト和訳

張東はとても運動が好きです。彼はサッカー、バスケットボールができ、それに泳ぐこともできますが、泳ぎはあまり上手ではありません。

問題文和訳 ★ 張東は泳げる。

12 正解 ✕

スクリプト

小姐，请问您知道留学生办公室的电话是多少吗？我有点儿急事。

スクリプト和訳

（女性の事務員に）すみませんが、留学生事務室の電話番号は何番かご存じですか？　私はちょっと急ぎの用があります。

問題文和訳 ★ 話し手は留学生事務室に電話をしている。

13 正解 ✓

スクリプト

我跟小方的生日都是十二月一日，但他是一九九九年的，比我大一岁。

スクリプト和訳

私と方さんの誕生日は12月1日ですが、彼は1999年で私より1歳年上です。

問題文和訳 ★ 話し手の誕生日は2000年12月1日だ。

14 正解 ✓

你们点了四个菜，三瓶啤酒，一共一百零二块钱，请问您要刷卡吗?

あなたがたは料理4種類とビール3本をご注文されたので合計102元です。あなたはカードで支払いますか?

問題文和訳 ★ 彼らは100元ちょっと使った。

15 正解 ✓

姐姐昨天特别累，晚上九点到家后洗完澡就睡了；弟弟一直在打游戏，十二点才睡。

姉は昨日、特に疲れていて、夜9時に帰宅して入浴を済ませるとすぐ寝ました。弟はずっとゲームをしていて、12時にやっと寝ました。

問題文和訳 ★ 弟は姉よりも寝たのが遅かった。

16 正解 ✗

小文，能不能把你那本《中西文化》借我用一下? 我明天就还你。

文さん、あなたのあの『中国と西洋の文化』という本をちょっとお借りできますか? 私は明日お返しします。

問題文和訳 ★ 文さんは話し手に本を借りようとしている。

17 正解 ✓

スクリプト

老师，请您相信我，我真的是不小心把作业忘在家里了，明天我一定带来。

スクリプト和訳

先生、私を信じてください。私は本当に不注意で宿題を家に忘れてきたのです。明日私は必ず持ってきます。

問題文和訳 ★ 話し手は宿題を持ってこなかった。

18 正解 ✗

スクリプト

我想在中国找工作，但是我爸妈不同意，他们只有我一个女儿，希望我以后不要离开他们。

スクリプト和訳

私は中国で仕事を探したいのですが、私の両親は同意しません。彼らにとって私は一人娘ですから、今後は彼らの元を離れてほしくないのです。

問題文和訳 ★ 話し手は帰国して仕事をしたいととても思っている。

19 正解 ✗

スクリプト

儿子最喜欢小猫了，就给他买这件画着猫的衬衫吧，他一定会喜欢的。

スクリプト和訳

息子は子猫が一番好きなので、猫の絵が描かれたこのシャツを買ってあげましょう。彼はきっと喜ぶでしょう。

問題文和訳 ★ 息子は犬が一番好きだ。

20 正解 ✕

スクリプト

马老师要去北京办点儿事，明天的汉语课换到下周四下午两点，教室不变，请大家不要忘了。

スクリプト和訳

（教師の）馬先生は北京に行く用事があり、明日の中国語の授業は来週木曜日の午後2時に変更します。教室は変わらないので、皆さん忘れないように。

問題文和訳 ★ 来週は中国語の授業がない。

第3回

21 正解 **A**

スクリプト

女：您这是去哪儿啊？
男：孩子早上刷牙觉得牙疼，我带他去医院检查检查。
问：孩子怎么了？

スクリプト和訳

女　：あなたはこれからどこに行くのですか？
男　：子供が朝、歯を磨いていて歯が痛くなったので、私は彼を連れて病院にちょっと検査に行きます。
問題：子供はどうしたのですか？

選択肢和訳

A　歯が痛い　　B　足（足首から先）が痛い　　C　脚（太ももから足首まで）が痛い

22 正解 **C**

スクリプト

男：照片里站在你后面那个大眼睛、短头发、又高又瘦的人是谁？
女：那是我们数学老师。
问：关于数学老师，下面哪个是对的？

スクリプト和訳

男　：写真の中であなたの後ろに立っている、大きな目で、髪の短い、背が高くて痩せている人は誰ですか？
女　：あの人は私たちの数学の先生です。
問題：数学の先生について、正しいのは以下のどれですか？

選択肢和訳

A　わりと太っている　　B　青い目をしている　　C　背が高い

23 正解 C

スクリプト

女：你应该看过很多中国电影吧?

男：没有，我才学了一年的汉语，很多词都听不懂。

问：男的为什么没怎么看过中国电影?

スクリプト和訳

女 ：あなたは中国映画をたくさん観てきたはずでしょう？

男 ：いいえ。私はやっと1年間、中国語を学んだところなので、多くの台詞を聞き取れません。

問題：男性はどうしてあまり中国映画を観たことがないのですか？

選択肢和訳

A　大変忙しかった　　B　興味がない　　C　聞いて理解できない

24 正解 A

スクリプト

男：中间那个面包看起来很好吃，你要那个吗?

女：我想要左边那个。

问：女的想吃哪个面包?

スクリプト和訳

男 ：真ん中にあるあのパンは見たところおいしそうですね。あなたはあれが欲しいですか？

女 ：私は左側のあれが欲しいです。

問題：女性が食べたいのはどのパンですか？

選択肢和訳

A　左側の　　B　真ん中の　　C　右側の

25 正解 **C**

女：五路车到北京南站吗？
男：到，但是要花一个小时，坐地铁多好，又快又方便。
问：男的为什么让女的坐地铁？

スクリプト和訳

女　：5番バスは北京南駅に行きますか？
男　：行きますが、1時間かかります。地下鉄に乗るほうがいいし、早くて便利です。
問題：男性はなぜ女性を地下鉄で行かせようとしているのですか？

選択肢和訳

A　より安いから　　　B　エアコンがあるから　　　C　時間が短いから

26 正解 **A**

スクリプト

男：不就是一本书吗？找不到没关系，我再给你买本新的。
女：我难过主要是因为书里有一张我们家的老照片。
问：女的为什么难过？

スクリプト和訳

男　：本1冊にすぎないじゃないですか？　見つからなくても大丈夫です。私がまた新しい物を買ってあげますよ。
女　：私が悲しいと思っている主な理由は、本の中に私たち家族の昔の写真が1枚入っていたからです。
問題：女性は何が悲しいのですか？

選択肢和訳

A　写真がなくなったから　　　B　本が見当たらなかったから　　　C　家族が見つからないから

27 正解 B

スクリプト

女：这两个月你的腿不能走路，谁照顾你?
男：我请了一位阿姨帮我做饭和打扫房间。
问：谁照顾男的?

スクリプト和訳

女：この2か月あなたは脚が悪くて歩けませんでしたが、誰があなたの面倒を見たのですか？
男：私はあるお手伝いさんに食事作りと部屋の掃除の手伝いをお願いしました。
問題：誰が男性の面倒をみましたか？

選択肢和訳

A　母　　B　お手伝いさん　　C　ガールフレンド

28 正解 B

スクリプト

男：这是你新买的车吗?
女：对，以前那辆有点儿矮，骑着不舒服。
问：女的为什么要换车?

スクリプト和訳

男：これがあなたの新しく買った車（自転車）ですか？
女：はい。以前のあれは少し低かったので、乗り心地が良くなかったのです。
問題：女性はどうして車（自転車）を替えようとしたのですか？

選択肢和訳

A　車（自転車）が古すぎたから
B　車（自転車）が低すぎたから
C　色がよくないから

183

29　正解 A

スクリプト

女：好久没看见你妹妹了，她还在读大学吗?
男：早就读完了，后来去上海工作了一段时间，现在正准备出国留学。
问：妹妹现在在准备什么?

スクリプト和訳

女　：長い間妹さんを見かけなかったけれど、彼女はまだ大学生ですか？
男　：とっくに卒業しました。それから少しの間は上海で仕事をしていましたが、今は
　　　海外留学の準備をしています。
問題：妹は現在、何の準備をしていますか？

選択肢和訳

A　留学　　B　結婚　　C　大学進学

30　正解 C

スクリプト

男：今天太热了!
女：是啊。虽然是个阴天，但是一点儿风都没有。
问：天气怎么样?

スクリプト和訳

男　：今日は大変暑いですね！
女　：そうですね。曇っていますが、まったく風がありません。
問題：天気はどうですか？

選択肢和訳

A　晴れ　　B　雨　　C　曇り

184

31 正解 **C**

スクリプト

男：哪儿有卖奶茶的?
女：火车站附近有一家奶茶店。
男：听说他家的奶茶非常甜。
女：其实你可以在家自己做，非常简单，而且又很健康。
问：女的认为男的可以怎么做?

スクリプト和訳

男　：どこでミルクティーを売っていますか？
女　：(列車の) 駅の近くに1軒ミルクティーのお店があります。
男　：そのお店のミルクティーはとても甘いそうですね。
女　：実はあなたは家で作れます。とても簡単で、健康にもいいですよ。
問題：女性は男性がどうすればいいと思っていますか？

選択肢和訳

A　ミルクティーを飲む必要はない　　B　甘い飲み物を飲んではいけない
C　自分でミルクティーを作る

32 正解 **B**

スクリプト

女：小王叫我们明天一起去爬山，你去吗?
男：这个季节就应该到外面去，几点见面?
女：早上六点半。
男：这么早? 你们记得叫我起床啊!
问：男的认为这个季节应该做什么?

スクリプト和訳

女　：王さんが私たちに明日、一緒に山登りに行こうと誘ってくれたけれど、あなたは
　　　行きますか？
男　：この季節は外に出かけるべきですね。何時に会いますか？
女　：朝の6時半です。
男　：そんなに早いのですか？　あなたたちは私を起こすのを忘れないでください！
問題：男性はこの季節は何をするべきだと考えていますか？

選択肢和訳

A　授業に行く　　B　山登りに行く　　C　家にいる

33 正解 B

スクリプト

男：你说的那个年轻人怎么样？
女：做事很努力，也很认真。
男：一般开学第一周图书馆会很忙，他愿意来帮忙吗？
女：没问题的。
问：那个年轻人怎么样？

スクリプト和訳

男　：あなたが言っていたあの若者はどうですか？
女　：一生懸命働きますし、真面目です。
男　：通常は新学期が始まって1週間は図書館は忙しくなりますが、彼は快く手伝いに来てくれますか？
女　：問題ありません。
問題：その若者はどんな人ですか？

選択肢和訳

A　本を読むのが好き　　B　一生懸命働く　　C　毎日忙しい

34 正解 B

スクリプト

女：老师，我周五要参加唱歌比赛，需要请一天假。
男：除了你还有别人参加吗？
女：还有两个男生。
男：好！你们自学一下周五的课，有问题下周来办公室问我。
问：女的在做什么？

スクリプト和訳

女　：先生、私は金曜日に歌のコンテストに参加しますので、1日休暇をいただかなければなりません。
男　：あなた以外に他に誰か参加しますか？
女　：あと二人、男性が参加します。
男　：分かりました！　金曜日のクラスは皆さん自習にしましょう。問題があれば、来週職員室に来て私に聞いてください。
問題：女性は何をしていますか？

選択肢和訳

A　球技をする　　B　休暇を願い出る　　C　質問する

35 正解 C

スクリプト

男：你今天很安静啊！

女：我发烧了，不想说话。

男：最近天气变化大，特别容易感冒。

女：是啊，我已经有好几个同事病了。

问：同事为什么生病？

スクリプト和訳

男　：あなたは今日は静かですね！

女　：私は熱が出たので、話をしたくありません。

男　：最近は天気の変化が激しいので、特に風邪にかかりやすいです。

女　：そうですね。すでに何人もの私の同僚が病気になりました。

問題：同僚はどうして病気になりましたか？

選択肢和訳

A　大変寒いから

B　トレーニングが好きではないから

C　天気の変化が大きいから

36 正解 A

スクリプト

女：叔叔，那是什么河？

男：那就是黄河！

女：真的吗？老师跟我们说黄河是中国北方最有名的河。

男：看来你很了解中国。

问：女的是怎么知道黄河的？

スクリプト和訳

女　：おじさん、あれは何という川ですか？

男　：あれは黄河ですよ！

女　：本当ですか？　先生は私たちに、黄河は中国北方でもっとも有名な川だと話して
　　　くれました。

男　：あなたは中国をよく理解しているようですね。

問題：女性はどうやって黄河を知ったのですか？

選択肢和訳

A　先生が教えてくれた　　　B　自分で見た　　　C　男性が紹介してくれた

187

37 正解 **A**

スクリプト

男：再检查一下行李，看看东西是不是都带了。
女：我早上看过了，都带了。
男：护照和信用卡你放哪儿了？
女：在我包里呢，你就放心吧。
问：女的把信用卡放在哪里？

スクリプト和訳

男 ：もう一度荷物の中を調べて、全部持ってきたか見てみてください。
女 ：私は朝見ました。全部持ちました。
男 ：パスポートとクレジットカードはどこに入れましたか？
女 ：かばんの中にあるので、あなたは安心してください。
問題：女性はクレジットカードをどこに入れましたか？

選択肢和訳

A　かばんの中　　B　シャツの中　　C　スーツケースの中

38 正解 **A**

スクリプト

女：小明，去踢足球吧？
男：好啊！但是我要先回家换一下鞋，我今天穿的皮鞋。
女：没问题，老地方见。
男：好，我一会儿去找你们。
问：小明为什么要回家？

スクリプト和訳

女 ：明さん、サッカーをしに行きますか？
男 ：いいですよ！　しかし、私は靴を取り替えにまず家に帰らなければなりません。
　　　私は、今日は革靴を履いています。
女 ：問題ありません。いつもの場所で会いましょう。
男 ：分かりました。私はすぐにあなたたちを探しに行きます。
問題：明さんはどうして家に帰らなければならないのですか？

選択肢和訳

A　靴を替えるため　　B　休憩するため　　C　トイレに行くため

39 正解 B

スクリプト

男：这张桌子上放了一个黑色笔记本，你看见了吗？
女：没看见，很重要吗？
男：本子上记了刚才会议上讲的事情。
女：你别着急，可能是有人拿错了。
问：男的在找什么？

スクリプト和訳

男　：このテーブルの上に置いた黒いノートをあなたは見ましたか？
女　：見ていませんが、重要ですか？
男　：ノートにはさっき会議で話した内容が書いてあります。
女　：慌てないでください。きっと誰かが間違えて持って行ったのでしょう。
問題：男性は何を探していますか？

選択肢和訳

A　会議室　　B　ノート　　C　ある同僚

40 正解 C

スクリプト

女：从地图上看，百花公园离我们宾馆很近。
男：今天的出租车司机说打车过去只要十分钟。
女：我担心明天早上会打不到车。
男：那我们就走过去吧。
问：他们为什么决定走路去？

スクリプト和訳

女　：地図で見ると、百花公園は私たちのホテルから近いです。
男　：今日のタクシーの運転手さんはタクシーをつかまえれば10分で着くと言っています。
女　：明日の朝、私はタクシーをつかまえられないのが心配です。
男　：では私たちは歩いて行きましょう。
問題：彼らはどうして歩いて行くことにしたのですか？

選択肢和訳

A　地図が間違っていたから

B　タクシーを呼ぶのは値段が高すぎるから

C　タクシーをつかまえられないのが心配だから

2 閲 読

第 1 部分 | 問題 p.61 〜 p.62

41 - 45

選択肢和訳

A　私も知らないので、私たちは（父方の）おじいさんに聞きに行きましょう。

B　私はすでにひとしきり遊びました。

C　成績は前回よりも少し上がりました。

D　あなたは朝、お腹いっぱいご飯を食べなかったのですか？

E　もちろんです。私たちはまずバスに乗り、それから地下鉄に乗り換えます。

F　私は秋文と申します。秋の季節の秋に、文化の文です。

41　正解 C

問題文和訳

あなたは試験を受けていかがでしたか？

> **解説**　「動詞＋"得"＋補語」で行為の評価・結果・描写をする。この場合は試験の結果はどうだったかを聞いている。成績について述べているCを選択。

42　正解 D

問題文和訳

私は今お腹が空いていて、喉も渇いています。

> **解説**　"又A又B"で「〜でもあり、〜でもある」という意味。AとBにはいずれも形容詞が入る。食事の話題であるDを選択。

43 正解 A

問題文和訳

あれは何という動物ですか？　あの動物の鼻はとても変わっていますね！

> **解説**　話し手は "什么动物" と聞いているので、"它" が何か分からないという状況であり、聞き手の側もそれが分からないAを選択。副詞 "也" は「〜も」という意味。"它" は人間以外の事物を指す三人称単数「それ、あれ」という意味。

44 正解 F

問題文和訳

本当にすみません。私はいつもあなたの名前を忘れてしまいます。

> **解説**　"总是" は頻度を表す副詞で、「いつも」の意味。名前に関する話題を探す。Fを選択。

45 正解 B

問題文和訳

このような種類のゲームはあなたが新しい単語を練習するのに役立つでしょう。やってみてください！

> **解説**　助動詞 "能" は「能力があって〜できる」の意味。"帮你〜" は「〜することを手伝ってくれる、〜してくれる」という意味から、ここでは「〜するのに役立つ」となる。"玩儿游戏" で「ゲームをする」の意味があるため、動詞 "玩儿" の入っているBを選択。

46 - 50

選択肢和訳

A　普通は許可しません。もし何かあれば、先生があなたがたに電話をするでしょう。

B　私は冷蔵庫の中に入れました。

C　いいえ。私は朝、バスを乗り間違えたので、遅刻したのです。

D　彼女の機嫌を直せる方法は何かありませんか？

E　彼は私に会社の年会で、あるプログラムを準備させたいと考えています。

46 正解 B

問題文和訳

私が新しく買ってきた果物は（どこですか）？

> 解説　語気助詞 "呢" を使うことで、果物の所在を尋ねる疑問詞 "在哪儿" が省略されている。"放在〜" は「動詞＋"在"＋場所」の形で「〜に置く」という意味。果物と関連性の高い語 "冰箱"「冷蔵庫」のあるBを選択。

47 正解 C

問題文和訳

あなたは今日、寝坊したのですか？

> 解説　"起晚了" は「動詞 "起"（起きる）＋結果補語 "晚"（遅い）＋"了"（変化を表す助詞）」で「起きるのが遅くなった」という意味。遅刻についての話題を探す。Cを選択。"因为A，所以B" は「AだからB」という意味。

48 正解 E

問題文和訳

さっきマネージャーは私に彼の事務所に来るように言いました。

> 解説　"叫"、"让" は使役動詞。後ろに名詞と動詞を伴って「〜に〜をさせる、してもらう」の意味。"叫"＋人」は「人にさせる」の意味。同様の構造が使われているEを選択。

49 正解 **D**

(問題文和訳)

姉は怒りました。

> 解説 "生气"「怒る」と対になれる語は「楽しい」、「うれしい」の意味である"高兴"。Dを選択。"让她高兴起来"の直訳は「彼女が楽しくなるようにさせる」となる。

50 正解 **A**

(問題文和訳)

王校長、子供は携帯電話を持って登校してもよいですか？

> 解説 助動詞"能"は許可を求める場合にも使え、「～してもよい」という意味。禁止の場合は"不可以"であり、Aを選択。"老师会给你们打电话的"の助動詞"会"は条件つきの未来の表現で「～だろう」の意味。

第3回

51 - 55

選択肢和訳

A　やっと　　　　B　贈り物　　　　C　味わう
D　清潔だ　　　　E　声　　　　　　F　歴史

51　正解 D

問題文和訳

このスーパーマーケットのものは［清潔］ですので、あなたは安心してください！

> 解説　"东西" は「もの、商品」の意味。副詞 "很" の後ろは動詞か形容詞がくる。Dを選択。

52　正解 A

問題文和訳

これまでの1週間ずっと雨でしたが、今日は［やっと］太陽が出ました。

> 解説　"过去一个星期"「以前、これまでの1週間」の内容に対して "今天"「今日」以降は "出太阳了" と変化があったことが分かる。また、動詞 "出" の前には副詞 "终于" が入ることからAを選択。

53　正解 C

問題文和訳

あの飲み物はおいしそうに見えます。私は一口［味わって］みたいです。

> 解説　"看起来" は「見たところ～だ」の意味。"想" は「～したい」という願望を表す助動詞。後ろには動詞が入ることからCを選択。"尝一口" で「一口味わう」の意味。

54 正解 F

問題文和訳

中秋節にはもちろん月見をするのですが、この文化的な習慣は、中国では大変長い [歴史] があります。

> **解説** "看月亮" で「月見」の意味。接続助詞 "的" の後ろには名詞が入るが、"中国已有很长" 「中国には大変長く存在する」から、長く存在するものを探す。Fを選択。

55 正解 B

問題文和訳

友人が結婚します。箸はよい [贈り物] です。

> **解説** 接続助詞 "的" の後ろには名詞が入る。"结婚" や "筷子" といった語からBを選択。"筷子" と「早く子供が産まれますように」という意味の "快生贵子" の音が同じことから、結婚する人への贈り物として箸が良いと言われる。

56 - 60

選択肢和訳

A　～のために	B　影響	C　あるいは
D　趣味	E　引っ越す	F　気に入る

56 正解 E

問題文和訳

A：どうしたのですか？　そんなにつらそうにして？

B：私の一番好きなご近所さんが [引っ越して] しまったのです。

> **解説** "难过" は「つらい」「悲しい」の意味。"我最喜欢的邻居" が主語であるため、後ろには動詞が入ることからEを選択。「動詞＋結果補語＋"了"」で「～してしまった」の意味。"走" は結果補語で「その場から離れていく」の意味になる。

57 正解 A

問題文和訳

A：あなたは仕事がこんなにたくさんあって、完成できますか？

B：難しいです。週末までに完成させる［ために］、私は毎日遅くまで仕事をしています。

> **解説** "我每天都工作到很晚"の目的は、すぐ前の "在周末以前完成" であると考える。目的や動機を表す前置詞 "为了"「～ために」のAを選択。

58 正解 B

問題文和訳

A：カフェの環境はあんなに良いのに、あなたはどうしてあそこに勉強をしに行かないのですか？

B：カフェの中はたくさんの人がいておしゃべりしています。それは私の勉強に［影響する］でしょう。

> **解説** 助動詞 "会" は未来の「可能性」を表す。後ろには動詞が入る。"有很多人聊天儿"「たくさんの人がいておしゃべりしている」ことが勉強にどう関係するか考えてBを選択。

59 正解 F

問題文和訳

A：あなたはこの帽子を［気に入って］いますか？

B：まあまあです。

> **解説** 介詞 "对" は「～に、～について」で、対象の "这个帽子" は「この帽子」の意味。（　）の後ろには疑問詞の "吗" しかないことから、目的語を取らない動詞Fを選択。"还可以" の "可以" は形容詞で、副詞 "还" に続けると「まあまあ、そう悪くない」の意味。

60 正解 C

問題文和訳

A：空港からあなたの家までどうやって行きますか？

B：あなたはタクシーで北京大学の東門まで行ってもいいですし、［あるいは］私が仕事が終わってからあなたを迎えに行ってもいいです。

> **解説** 助動詞 "可以" は「～してもいい」という許可の意味もある。後ろの "坐出租车到北京大学东门" と "等我下班去接你" の2つが "可以" の対象である。2つの対象をつなぐ接続詞Cを選択。"A或者B" で「AあるいはB」の意味。

61 正解 A

問題文和訳

私は今、エレベーターに乗るのが怖いです。なぜならある時エレベーターに乗ったら、突然エレベーターが故障したからです。その時、そばにはたくさんの人がいましたが、私は今思い出してもやはり怖いのです。

★ その時、エレベーターはどうなりましたか？

選択肢和訳

A 故障した　　B 人が多くなかった　　C 大変暑かった

> **解説** 動詞"怕"は後ろに動詞句を取り「～することが怖い」の意味。エレベーターに乗るのが怖くなった理由が"因为～"以降にある。"坏了"の「故障した、壊れた」からAを選択。"虽然A但B"で「AではあるがB」の意味。

62 正解 C

問題文和訳

しっかりと学びたいなら良い学習習慣を持たなければなりません。授業前は2時間かけて準備をし、授業後はさらに1時間かけて復習します。そうやって初めて学んだことを本当に身につけることができるのです。

★ しっかりと学びたいなら、最も重要なことは：

選択肢和訳

A いつもインターネットをすること

B 学習時間を長くすること

C 学習習慣を良くすること

> **解説** ★の文にも本文にも冒頭に"要想学习好"がある。本文には副詞"必须"「必ず…しなければならない」が続いており、★の文の"最重要的是"のことを指すと考えてCを選択。Bは学習時間についてしか言及しておらず、Aは言及されていないため不適。

第3回

197

63 正解 A

（問題文和訳）

王おばあさんの趣味はダンスで、彼女はほぼ毎日、午後は公園に行って古い友人たちと一緒に踊ります。

★ 王おばあさんは何をするのが好きですか？

（選択肢和訳）

A ダンス　　　B 公園に行く　　　C 友達と知り合う

> **解説** "奶奶" は「父方の祖母」のほか、祖母と同年代の女性にも使う。"爱好" は「趣味」、"跳舞" は「ダンス」という意味。よってAを選択。Bは好きな事の対象ではないため不適。Cは言及されていないので不適。

64 正解 C

（問題文和訳）

私たちの学年は全部で4クラスあり、私たちのクラスは本館6階の東側にあります。隣が音楽室なので、いつもきれいな歌声が聞こえてきます。

★ このクラスについて、分かるのは：

（選択肢和訳）

A 4階にある　　　B 歌を歌うのがうまい　　　C 歌声が聞こえる

> **解説** "班" はここではクラスを指す。"我们班在主楼六层的东边" の "在" は所在を表す動詞で、「〜にある」の意味。"主楼六层"「本館の6階」からAは不適。"经常会听到很好听的歌声" からCを選択。Bは言及されていない。

65 正解 A

問題文和訳

私の妹はずっとあのカメラを買いたがっていますが、カメラ1台が数万元もするなんて、高すぎます！

★ あのカメラは：

選択肢和訳

A 妹が買いたい B 黄色である C わりと安い

解説 「"想"＋動詞」で「〜したい」の意味。"一直想买"「ずっと買いたがっている」のは "妹妹"「妹」なのでAを選択。"要几万元"「数万元もかかる」、"太贵了"「高すぎる」からCは不適。Bは言及されていない。

66 正解 B

問題文和訳

北方の冬はとりわけ寒いです。人々はいつも、春が早く訪れるのを望んでいます。春が来れば、道の両側の草は緑色になり、花も咲き、小鳥が木の上で歌をさえずる……それから、長い長い冬を過ごして、子供たちはようやくまた外に出てあちこち走りまわれるようになるのです。

★ 北方の人が早い春の訪れを望んでいる主な理由は：

選択肢和訳

A 道がきれいだから

B 冬が寒すぎるから

C 遊びに出ることができるから

解説 本文の "总是" は「いつも」という意味。"希望春天能快点儿到来"「春が早く訪れるのを望んでいる」理由は、その直前 "北方的冬天特别冷" でありBを選択。Aは理由ではなく春の描写の1つであり、Cの主体は "孩子们"「子供たち」であるため★の文の主体である "北方人" とはならず、それぞれ不適。

67 正解 C

問題文和訳

学級委員長、これから皆が乗車したら、人がいないか不足していないか（全員いるか）確認してください。もし問題がなければ、私たちはすぐに車を出発させて（列車の）駅に行きます。

★ 話し手は学級委員長に何をさせますか？

選択肢和訳

A 教室の掃除

B 車が来るか来ないかを確認する

C 全員来ているかどうかを確認する

> 解説 "一会儿"「まもなく、すぐに」は短い時間を指す表現だが、ここでは「これから（まもなく）」の意味。"少没少人"「人が欠けているかいないか」よりCを選択。AもBも言及されていないため不適。

68 正解 B

問題文和訳

今日の校長との対面会はここで終了といたします。皆さん何かご質問がありましたら、どうぞ夏先生へEメールをお送りください。もし彼（夏先生）も答えられなければ、私たちは校長から回答してもらうようにいたします。

★ 問題があればまず誰に質問しますか？

選択肢和訳

A 校長　　B 夏先生　　C 王マネージャー

> 解説 ★の文では "先问谁？"「まず誰に質問しますか？」とあるため、本文の "有什么问题" 以降の文に注目する。"如果～" は「もし～なら」という仮定の表現。夏先生が答えられなければ、校長先生が回答するとあることからBを選択。同様の理由によりAは不適。Cは言及されていない。

69 正解 B

（問題文和訳）

母は仕事で忙しく、いつも他の国に行かなければなりませんが、毎回帰るたびにその場所の目新しいことを私に話してくれます。私は大人になったら母のように多くの場所に行って、外の世界を見てみたいです。

★　お母さんはなぜたくさんの場所に行ったことがあるのですか？

（選択肢和訳）

A　旅行が好きだから　　B　仕事で必要だから　　C　世界を見てみたいから

> （解説）　冒頭の"妈妈工作很忙，经常要去别的国家"からBを選択。Cは話し手のことであり、Aは言及されていないため不適。

70 正解 B

（問題文和訳）

多くの人は食べ物を食べている時におしゃべりするのは良くない習慣の1つだと思っています。だから彼らは普通、レストランよりも（中国式）喫茶店で友達と会って、お茶を飲みながらおしゃべりをすることを選ぶでしょう。

★　この話によれば、どこでおしゃべりするのが比較的良いですか？

（選択肢和訳）

A　レストラン　　B　（中国式）喫茶店　　C　図書館

> （解説）　★の文で"在哪里聊天儿比较好？"と場所を聞かれていることから、"饭馆"「レストラン」や"茶馆"「（中国式）喫茶店」など場所の名詞を探す。"跟＋A比起来"で「Aと比べて」であり、後半は"茶馆"の利点が述べられていることからBを選択。同様の理由からAは不適。Cは言及されていない。なお、"一边A，一边B"で「AをしながらBをする」の意味。

第3回

201

3 書 写

71 正解 我不明白他为什么哭了。

（ 和 訳 ）私は彼がなぜ泣いたのか分かりません。

解説 理由や原因を問う疑問詞 "为什么" は文頭や述語の前に置くので、形だけを見ると "我不明白他" と "哭了" のどちらの前にも来ることができるが、"我不明白他" の前では「私は彼が泣いたのがわからないのはなぜか」となってしまい、意味が通らない。"哭了" の主語を "我不明白他" の "他" と考え、"不明白" の対象として「彼がなぜ泣いたのか」という表現を作れば完成する。

72 正解 这个故事多么有意思！

（ 和 訳 ）この物語はなんて面白いのでしょう！

解説 主語となることのできる指示代名詞 "这个" の後ろには、名詞 "故事" を置くことができる。述語の部分を作るには、副詞 "多么" に注目する。副詞の後ろには形容詞か動詞がくるため "有意思" を置いて完成。なお、副詞 "多么" は程度が甚だしい時に使うため、文末に感嘆符「！」をつける。

73 正解 这两个国家的关系非常好。

（ 和 訳 ）この2か国の関係はとても良いです。

解説 "个" は量詞。「指示代名詞＋数詞＋量詞＋名詞」の形で表すことから、主語の部分は "这两个国家的关系" となる。"国家的" の "的" は接続助詞のため後ろに名詞が続く。ここで名詞は "关系" のみ。副詞 "非常" の後ろには動詞か形容詞が続くことから形容詞 "好" を置いて完成。

74 正解 **我发现其实他特别聪明。**

(**和　訳**) 私は、実は彼がとりわけ賢いのに気づきました。

(**解説**) まず形容詞述語文を作る。"特别聪明"の主体は"我"でも"他"でもよいが、副詞"其实"は「実は、実際には」の意味で、意外性のある場合に使われることから"其实他特别聪明"とつなげるのが自然。これを目的語と考えて、前に主語"我"と動詞"发现"を置いて完成。

75 正解 **大熊猫对环境的要求高。**

(**和　訳**) ジャイアントパンダは環境への要求が高いです。

(**解説**) 名詞"大熊猫"は「ジャイアントパンダ」で主語と仮定する。"对"は介詞であり、「〜に、〜について」の意味。その対象は"环境的要求"であり「環境への要求」となる。最後にその対象がどうであるか"高"「高い」を置いて完成。

76 正解 知

（ 和 訳 ）

父は毎日ニュースを見ていて、どんな事も知っています。

77 正解 文

（ 和 訳 ）

私は祝祭日の文化にとりわけ興味があります。

78 正解 心

（ 和 訳 ）

心配しないでください。世の中にはどんな事も解決できないことはありません。

79 正解 字

（ 和 訳 ）

メニューの文字が小さすぎて、私にはよく見えません。

80 正解 米

（ 和 訳 ）

本当にお腹が空いています。もう1杯お米のご飯をお代わりしたいです。

3級 第4回
解答・解説

聴力試験···P.206 ~ P.223

読解試験···P.224 ~ P.235

書写試験···P.236 ~ P.238

例題の解答は P.14 ~ P.19 で紹介しています。

正解一覧

1. 听力

第1部分	1. C	2. B	3. F	4. A	5. E
	6. B	7. D	8. C	9. E	10. A
第2部分	11. ×	12. ×	13. ×	14. ✓	15. ×
	16. ✓	17. ✓	18. ✓	19. ×	20. ✓
第3部分	21. B	22. C	23. B	24. A	25. A
	26. C	27. C	28. C	29. A	30. B
第4部分	31. B	32. B	33. A	34. A	35. C
	36. B	37. A	38. B	39. A	40. B

2. 阅读

第1部分	41. A	42. B	43. D	44. F	45. C
	46. D	47. A	48. B	49. E	50. C
第2部分	51. B	52. F	53. A	54. D	55. C
	56. C	57. B	58. F	59. A	60. E
第3部分	61. A	62. C	63. A	64. B	65. C
	66. C	67. B	68. A	69. C	70. C

3. 书写

第1部分　71. 请把桌子上的菜单给我看一下。
　　　　　72. 这种面包非常甜。
　　　　　73. 那辆车的车灯没关。
　　　　　74. 我买了两条裤子。
　　　　　75. 他对汉字的历史很感兴趣。

第2部分　76. 分　　77. 去　　78. 吃　　79. 生　　80. 近

1 听 力

1 正解 C

スクリプト

女：你看，这件衬衫多好看啊！
男：是很好看，但是你已经有不少这种白衬衫了。

スクリプト和訳

女：見てください。このシャツはとても素敵ですね！
男：確かにきれいだけれど、あなたはこの類の白いシャツをすでにかなり持っていますよね。

2 正解 B

スクリプト

男：图书馆的环境怎么样？
女：很不错，我几乎天天去那里看书学习。

スクリプト和訳

男：図書館の環境はどうですか？
女：すばらしいです。私はほぼ毎日そこに行って本を読んだり勉強したりしています。

3 正解 F

スクリプト

女：别一边吃东西一边看电视，这样特别容易长胖。
男：不是吧，我最近还瘦了四斤呢。

スクリプト和訳

女：ものを食べながらテレビを見るのはやめましょう。そうしていると特に太りやすくなります。
男：そんなことありません。私は最近2キログラムも痩せました。

正解 A

男：医生，吃这个感冒药需要注意什么？
女：饭后半小时吃。如果还发烧就再来医院检查一下。

スクリプト和訳

男：（医師に）先生、この風邪薬はどんなことに注意して飲めばよいですか？
女：食後30分に服用してください。それでも熱がある場合は、また病院に来て検査を受けてください。

5 正解 E

スクリプト

女：昨天睡得怎么样？
男：不太好，上午都没办法工作。帮我买杯咖啡吧。

スクリプト和訳

女：昨日はよく眠れましたか？
男：あまりよく眠れなかったので、午前中ずっと仕事になりませんでした。コーヒーを買ってきてくれませんか。

6 正解 B

スクリプト

男：请问有什么可以帮您的？
女：我们想要两个这种小面包。

スクリプト和訳

男：何かお伺いしましょうか？
女：私たちはこのような種類の小さいパンを2個欲しいです。

7 正解 D

> スクリプト

女：我的耳朵和鼻子很不舒服。
男：是不是跟你昨天游泳有关系？

> スクリプト和訳

女：私の耳と鼻は調子がよくありません。
男：昨日、あなたが水泳をしたのと関係があるのではありませんか？

8 正解 C

> スクリプト

男：照片上中间那个人是你妹妹吗？跟你有点儿像。
女：不是，这是我小时候玩儿得很好的一个朋友。

> スクリプト和訳

男：写真の真ん中にいるその人はあなたの妹さんですか？　ちょっとあなたに似ていますね。
女：いいえ。これは私が子供の頃によく遊んだ友達です。

9 正解 E

> スクリプト

女：儿子，把你的房间打扫一下，晚上家里有客人来。
男：我关上门就可以了。

> スクリプト和訳

女：（息子に）ちょっと、自分の部屋を片づけなさい、夜にお客さんが来るのよ。
男：僕がドアを閉めればいいでしょう。

10 正解 **A**

男：喂，先不跟你说了，飞机马上要起飞了。
女：好，下飞机给我打电话。

男：もしもし、ひとまずあなたと話をするのはやめます。飛行機がもうすぐ離陸しますので。
女：分かりました。飛行機から降りたら私に電話をください。

11 正解 ✕

スクリプト

奶奶，您早点儿回家休息吧。我们只去几天，有妈妈照顾我，您就放心吧。

スクリプト和訳

（父方の）おばあちゃん、あなたは早く家に帰って休んでください。私たちは数日出かけるだけです。母が私の面倒を見てくれますのでご心配なく。

問題文和訳 ★ （父方の）祖母は病気になった。

12 正解 ✕

スクリプト

我的自行车坏了，朋友叫我先用他的。明天还给他就好。

スクリプト和訳

私の自転車が壊れたので、友人は私にひとまず先に彼のを使わせてくれました。明日彼に返せばよいです。

問題文和訳 ★ 友達は話し手の自転車を借りたい。

13 正解 ✕

スクリプト

真让人担心，他们怎么还是像年轻时那样，选那种难走的小路上山。

スクリプト和訳

本当に心配させられることは、なぜか彼らは若い頃のように、歩きづらい狭い道を選んで山を登っていることです。

問題文和訳 ★ 彼らは山に登る道を知らない。

第4回

14 正解 ✓

> **スクリプト**
>
> 旅客朋友们，欢迎来南京旅游。最近是雨季，经常刮风下雨，大家记得带雨伞。
>
> **スクリプト和訳**
>
> 旅行者の皆さん、ようこそ南京へ。最近は雨季で、よく風が吹いたり雨が降ったりするので、皆さん傘を忘れずにお持ちください。

問題文和訳 ★ 最近の南京はいつも雨が降っている。

15 正解 ✕

> **スクリプト**
>
> 我去那里的第一天，同学们很热情，一起跳舞欢迎我。三年了，我的工作马上要结束了，真不想离开他们啊。
>
> **スクリプト和訳**
>
> 私が初めてそこに行った日、同級生たちは親切で、一緒に踊って私を歓迎してくれました。3年が経ち、私の仕事はもうすぐ終わろうとしていますが、本当に彼らと離れたくありませんよ。

問題文和訳 ★ 話し手はそこで働きたくない。

16 正解 ✓

> **スクリプト**
>
> 我才学会游泳不久，还没有我那七岁的弟弟游得好呢，更不能跟你比。
>
> **スクリプト和訳**
>
> 私はようやく泳げるようになったばかりなので、私の7歳の弟ほどうまく泳げませんし、ましてやあなたとは比べようもありません。

問題文和訳 ★ 話し手は自分の泳ぎが下手だと思っている。

第4回

スクリプト

每年这个季节，这些鸟都会从北方飞到这里。等北方天气热了，它们会再飞回去。

スクリプト和訳

毎年この季節になると、これらの鳥たちはみな北方からここまで飛んできます。北方の気候が暑くなったら、彼らはまた帰っていきます。

問題文和訳 ★ それらの鳥は、北方に帰っていく。

18 正解 ✓

スクリプト

他最近一回家就打开电脑玩儿游戏，而且每次一玩儿就好几个小时，别的什么也不做。

スクリプト和訳

彼は最近、家に帰るとすぐにパソコンの電源を入れてゲームをします。しかも毎回いったん遊び始めたら何時間も遊び、他のことは何もしません。

問題文和訳 ★ 彼はパソコンのゲームが大好きになった。

19 正解 ✗

スクリプト

你好，我叫王冬，今天下午我的包忘在你们公共汽车上了，里面有一万块钱和一张信用卡。如果有人发现，请给我打个电话。谢谢。

スクリプト和訳

こんにちは。私は王冬と申します。今日の午後、そちらのバスに私のバッグを忘れてしまいました。中には1万元とクレジットカードが1枚入っています。もしどなたか見つけましたら、私に電話をください。ありがとうございます。

問題文和訳 ★ クレジットカードは銀行に忘れられた（クレジットカードを銀行に忘れてしまった）。

20 正解 ✓

姐姐留学回来后变化特别大，人瘦了，头发短了，个子看起来高了些。以前不喜欢穿裙子，现在天天穿。

スクリプト和訳

姉は留学から帰ってきてからかなり変わりました。痩せて、髪が短くなり、背もいくらか高くなったように見えます。以前はスカートをはくのが好きではありませんでしたが、今では毎日はいています。

問題文和訳 ★ 姉は以前とは違う。

21 正解 B

スクリプト

女：太阳出来了，我们出去走走吧。

男：六月的天，孩子的脸，说变就变，还是别去了。

问：现在天气怎么样？

スクリプト和訳

女 ：太陽が出てきたから、私たち散歩に出かけましょう。

男 ：6月の天気は子供の表情のようにころころ変わるから、やっぱり行かないことにしましょう。

問題：今の天気はどうですか？

選択肢和訳

A　曇り　　B　晴れ　　C　雪

22 正解 C

スクリプト

男：你这么快就洗完澡了？

女：没有，我正洗着，突然没热水了，我出来看看怎么回事。

问：关于女的，可以知道什么？

スクリプト和訳

男 ：あなたはこんなに早くお風呂から上がったのですか？

女 ：いいえ。私が洗っていたら、急にお湯が出なくなったのです。何かあったのかと思って見に出てきました。

問題：女性について、何が分かりますか？

選択肢和訳

A　髪が長い　　B　物語を話している　　C　入浴し終えていない

23　正解 B

スクリプト

女：我找了新房子，一个月才一千五百块，打算周末搬过去。
男：很便宜。需要帮忙吗？
问：男的想帮女的做什么？

スクリプト和訳

女　：私は新しい部屋を探したところ、ひと月たった1,500元なので、週末に引っ越すつもりです。
男　：安いですね。何か手伝うことがありますか？
問題：男性は女性に何を手伝いたいと思っていますか？

選択肢和訳

A　お金を使うこと　　B　引っ越し　　C　部屋探し

24　正解 A

スクリプト

男：为了下周的八百米比赛，我最近每天跑一个半小时。
女：你比其他人都努力，一定可以的！
问：男的最近为什么努力练习？

スクリプト和訳

男　：来週の800メートルレースのために、私は最近、毎日1時間半走っています。
女　：あなたは人一倍努力してきたのだから、きっとうまくいきますよ！
問題：男性は最近なぜ一生懸命練習しているのですか？

選択肢和訳

A　試合に参加するから　　B　体が心配だから　　C　自分が楽しくなりたいから

女：刚才小狗还在花园里玩儿呢，我去个洗手间它就不见了。
男：别着急，我们一起找找。
问：女的为什么难过？

スクリプト和訳

女：子犬はさっきまで（草花を植えた）庭園で遊んでいたのですが、私がトイレに行っ
　　　たらいなくなってしまいました。
男：慌てないでください。一緒に探しましょう。
問題：なぜ女性は悲しんでいるのですか？

選択肢和訳

A　犬が見つからないから

B　同級生と別れの挨拶をしなかったから

C　みんなが彼女の誕生日を忘れていたから

26 正解 **C**

スクリプト

男：这家超市的水果很新鲜。想吃什么？苹果还是西瓜？
女：除了香蕉，什么都可以。
问：女的是什么意思？

スクリプト和訳

男：このスーパーの果物は新鮮です。何を食べたいですか？　リンゴですか、それと
　　　もスイカですか？
女：バナナ以外なら、何でもいいです。
問題：女性が言っているのはどういう意味ですか？

選択肢和訳

A　スイカは甘くない　　B　リンゴは新鮮ではない　　C　バナナを食べたくない

スクリプト

女：你明天是坐火车过来吧?
男：是的，明天下午两点到北京西站。
问：男的怎么来北京?

スクリプト和訳

女　：あなたは明日は列車で来るんですよね？
男　：はい。明日の午後2時に北京西駅に着きます。
問題：男性はどうやって北京に来ますか？

選択肢和訳

A　車を運転する　　B　飛行機に乗る　　C　列車に乗る

28 正解 **C**

スクリプト

男：刚才新闻里在介绍王刚，他真聪明!
女：对啊，这次参加大学生数学比赛，他又是第一名。
问：男的在哪儿看见了王刚?

スクリプト和訳

男　：さっきニュースで王剛が紹介されていたけれど、彼は本当に賢いですね！
女　：そうです。今回、彼は大学生数学コンテストに参加していて、また1位になりました。
問題：男性はどこで王剛を見かけましたか？

選択肢和訳

A　学校　　B　体育館　　C　ニュース

女：你怎么买了这么多铅笔?
男：学生们考试要用，我帮他们买的。
问：那些笔是给谁买的?

スクリプト和訳

　女　：あなたはどうしてこんなにたくさん鉛筆を買ったのですか？
　男　：学生たちが試験で必要だから、彼らに買ってあげたのです。
問題：それらの鉛筆は誰のために買ったのですか？

選択肢和訳

A　学生　　B　子供　　C　（配偶者の呼称として）妻

30 正解 **B**

スクリプト

男：鲜牛奶卖完了，尝一下新出的茶饮料吧。
女：好，来瓶红茶试试。
问：女的喝什么?

スクリプト和訳

　男　：新鮮な牛乳は売り切れましたので、新製品のお茶の飲み物を飲んでみてください。
　女　：はい。（ボトルの）紅茶を1つお願いします。
問題：女性は何を飲みますか？

選択肢和訳

A　ミルクティー　　B　紅茶　　C　牛乳

31 正解 **B**

スクリプト

男：小姐，请把笔记本电脑、手机放在这里。
女：好的。
男：把行李箱放上来检查。
女：里面有照相机，要拿出来吗?
问：他们最可能在哪里?

スクリプト和訳

男　：（女性客に）すみませんが、ノートパソコンと携帯電話をここに置いてください。
女　：はい。
男　：スーツケースを置いて荷物検査に出してください。
女　：中にカメラがあるのですが、取り出さなければなりませんか?
問題：彼らはどこにいる可能性が最も高いですか?

選択肢和訳

A　ホテル　　B　空港　　C　映画館

32 正解 **B**

スクリプト

女：听说这个电影很不错，我们去看吧。
男：现在? 已经六点一刻了，还买得到票吗?
女：先上网查查，如果没有就明天去。
男：好的。
问：现在几点了?

スクリプト和訳

女　：この映画はなかなかすばらしいと聞いたので、私たちは観に行きましょう。
男　：今ですか?　もう6時15分になったけれど、まだチケットは買えるでしょうか?
女　：まずインターネットで調べて、もしなければ明日行きましょう。
男　：分かりました。
問題：今は何時になりましたか?

選択肢和訳

A　6：00　　B　6：15　　C　6：30

33 正解 A

スクリプト

男：李老师今天没来上班。

女：没关系，我明天再来找他。

男：他老家有事请了长假。如果你有急事，可以打他手机。

女：好的，谢谢。

问：男的和李老师最可能是什么关系？

スクリプト和訳

男　：（教師の）李先生は今日、出勤していません。

女　：構いません。私は明日また伺います。

男　：彼は家庭の事情で長期休暇を取っています。もし急ぎの用件があれば、彼の携帯電話に電話してもよいです。

女　：分かりました。ありがとうございます。

問題：男性と李先生はどんな関係である可能性が最も高いですか？

選択肢和訳

A　同僚　　B　家族　　C　同級生

34 正解 A

スクリプト

女：周末有什么打算？

男：我想去踢一会儿球。

女：医生说你的腿还不能踢球，走路也要小心点儿。

男：那我就在家看世界杯吧。

问：男的一开始打算周末做什么？

スクリプト和訳

女　：週末は何をするつもりですか？

男　：私はちょっとサッカーをしに行きたいです。

女　：お医者さんは、あなたの脚ではまだボールを蹴れないし、歩くのも気をつけなさいと言っていましたよ。

男　：じゃあ私は家でワールドカップを見ます。

問題：男性ははじめに週末に何をしようと思っていましたか？

選択肢和訳

A　サッカーをする　　B　映画を観る　　C　インターネットでチャット（おしゃべり）する

35 正解 C

スクリプト

男：你要结婚了?
女：是的，我奶奶终于同意了，你一定要来喝喜酒啊。
男：好。你奶奶以前为什么不同意?
女：她担心我这个南方人去北方会不习惯。
问：关于女的，可以知道什么?

スクリプト和訳

男：あなたはもうすぐ結婚するのですか？
女：そうです。私の（父方の）祖母がやっと同意してくれました。あなたも絶対に結婚式の祝い酒を飲みに来てください（結婚式に参加してください）。
男：いいですよ。あなたのおばあさんはどうして今まで同意してくれなかったのですか？
女：彼女は南方出身の私が北方に行くのは慣れないだろうと心配していたのです。
問題：女性について、何が分かりますか？

選択肢和訳

A 酒を飲まない　　B 北方の人である　　C もうすぐ結婚する

36 正解 B

スクリプト

女：今晚楼上一点儿声音也没有。
男：真奇怪，没这么安静过。
女：是搬走了吗?
男：那终于能睡个好觉了。真希望以后能有个好邻居。
问：他们想要什么?

スクリプト和訳

女：今夜は上の階で音が少しもしませんね。
男：本当に不思議ですね。こんなに静かなことはありませんでした。
女：引っ越したのではありませんか？
男：それならようやくぐっすり眠れます。今後は良い隣人を持てたらいいなと切に願います。
問題：彼らが欲しいのは何ですか？

選択肢和訳

A 1台の新車　　B 静かな隣人　　C きれいなトイレ

37 正解 A

スクリプト

男：您好，能帮我查一下房间号吗？我忘了。
女：好的，请告诉我您的名字和楼层。
男：王明，三层。
女：您的房间是三〇八，出电梯往左边走。
问：男的想知道什么？

スクリプト和訳

男　：こんにちは。部屋番号をちょっと調べていただけますか？　忘れてしまいました。
女　：承知しました。お名前と階数を教えてください。
男　：王明です。3階です。
女　：あなたの部屋は308号室です。エレベーターを出て左に行ってください。
問題：男性は何を知りたいのですか？

選択肢和訳

A　自分の部屋番号　　B　部屋がまだあるかどうか
C　誰がエレベーターの近くに泊まっているか

38 正解 B

スクリプト

女：王叔叔，谢谢你送我爸去医院。
男：不客气，谁遇到都会帮忙的。
女：我爸忘记带药不是一次两次了，这次还好有您在。
男：知道你爸身体不好，我看他脸色很差就打了120。
问：关于爸爸，可以知道什么？

スクリプト和訳

女　：王叔父さん、父を病院に連れて行ってくれてありがとうございます。
男　：どういたしまして。誰でもこういうことに遭遇したらお手伝いしますよ。
女　：私の父が薬を携帯し忘れたのは一度や二度ではありません。今回はあなたがいてくださってよかったです。
男　：あなたのお父さんの体が良くないことを知っていたので、お父さんの顔色が悪かったのを見て120番（救急車を呼ぶ番号）に電話しました。
問題：お父さんについて、何が分かりますか？

選択肢和訳

A　薬を持っていた　　B　病院に行った
C　自分で120番（救急車を呼ぶ番号）に電話した

> **スクリプト**
>
> 男：对不起，我迟到了。
> 女：就差你了。我们还怕你不来了。
> 男：我也着急，但路上车多，想快都快不了。
> 女：到了就好。我去找服务员要双筷子。
> 问：男的怎么了？
>
> **スクリプト和訳**
>
> 男　：すみません。私は遅刻しました。
> 女　：後はあなただけでした。私たちはあなたが来ないのではと心配していました。
> 男　：私も焦っていたのですが、道が混んでいて、急ぎたくても急げませんでした。
> 女　：来られて良かったです。私は店員にお箸を頼んできます。
> 問題：男性はどうしたのですか？

選択肢和訳

A　遅れて来た　　B　焦らなかった　　C　来られなくなった

> **スクリプト**
>
> 女：把小票也放里面吧。
> 男：没问题，张小姐，这是您的皮鞋，请拿好。
> 女：你怎么知道我姓张？
> 男：信用卡上有您的名字。
> 问：关于女的，可以知道什么？
>
> **スクリプト和訳**
>
> 女　：レシートも中に入れてください。
> 男　：かしこまりました。（女性の）張さん、こちらがあなたの革靴です。お持ちください。
> 女　：どうして私の苗字が張だと知っているのですか？
> 男　：クレジットカードにあなたのお名前が入っているからです。
> 問題：女性について、何が分かりますか？

選択肢和訳

A　苗字が謝である　　B　革靴を買った　　C　クレジットカードを持っていなかった

2 阅 读

第1部分 | 問題 p.77 ～ p.78

41 - 45

選択肢和訳

A　私は今回の試験は良くありませんでした。

B　あなたたちはどれくらい会っていないのですか？

C　あなたはやはり私のオフィスに電話をしてください。

D　来月の運動会は、私はどの生徒もみんな参加できればいいと思います。

E　もちろんです。私たちは先にバスに乗って、それから地下鉄に乗り換えます。

F　私は大丈夫です。あなたは安心して注文してください。

41　正解 A

問題文和訳

悲しまないでください。これからまたチャンスはあります。

> **解説**　"难过" は「悲しむ」の意味。"别～" は「～してはいけない」で禁止の意味。"还有机会" と再チャレンジを促していることから、ネガティブなことを述べている文を探す。Aを選択。

42　正解 B

問題文和訳

昨年は一緒に旅行もしましたよ。

> **解説**　副詞 "还" は「～もまた」の意味。"一起"「一緒に」から、単独での行動ではないことが分かる。よってBを選択。「"多"＋形容詞」の形で「どれほどの～」であり、"多久" は「どれくらいの時間」の意味。"多久没～了" で「どれくらいの時間～をしていない」という意味になる。

第4回

224

43　正解 D

(問題文和訳)

（教師に）先生、一人でいくつかの競技に参加してもいいですか？

解説　助動詞"可以"は許可の意味で「～してもよい」の意味。"一个人"「一人」や"比赛"「競技」から、対応する内容"运动会"「運動会」や"每一位同学都能来"「どの生徒もみんな参加できる」と言っているDを選択。

44　正解 F

(問題文和訳)

これはメニューです。これらの料理を食べ慣れているか、ちょっと見てもらえますか？

解説　「動詞＋"得"＋補語」の形で可能補語となり「～ができる」の意味。習慣的に口に合うかどうかを聞いている。Fを選択。"点"は「注文する」の意味。

45　正解 C

(問題文和訳)

私は少ししたらあなたにEメールをお送りします。

解説　"发电子邮件"は「Eメールを送る」の意味。これに対し、"还是"「やはり」、"打我办公室电话"「私のオフィスに電話をして」と電話を促しているCを選択。

46 - 50

選択肢和訳

A　いえいえ、とんでもありません、あなたと比べたらまだまだですよ。

B　行かないことにします。私は忙しくて水を飲む暇もありません。ほかの人に聞いてみてください。

C　タクシーの運転手が道に迷って、ずいぶん経ってからやっと私を迎えに来たのです。

D　まだお腹いっぱいではないのですか？　冷蔵庫にあるから、持っていってください。

E　彼は毎日夜、公園にジョギングをしに行っているのでなければ、球技をしに行っています。

46　正解 D

問題文和訳

羊肉はこの上なくおいしいので、本当にもう一皿お代わりしたいです。

> **解説**　「形容詞＋"极了"」で「極めて、この上なく～だ」という意味。"饱" は「お腹いっぱい」であることから、食事に関する話題であるDを選択。

47　正解 A

問題文和訳

あなたの書く字はますます上手になっています。

> **解説**　「動詞＋"得"＋補語」で行為の結果を表す。「"越来越"＋形容詞」で「だんだん～、ますます～」の意味。ほめ言葉に対する謙遜の語句 "哪里哪里" が使われているAを選択。

48　正解 B

問題文和訳

お昼にスーパーに行きますか？

> **解説**　"去"「行く」という問いに対して、"不去了"「(行くつもりだったが) 行かないことにする」とあるBを選択。

（問題文和訳）

叔父は体を鍛えることに特に注意を払っています。

解説 "锻炼身体"は「体を鍛える、トレーニングをする」の意味。対応する話題であるEを選択。"不是A，就是B" の「AでなければB」という構文にも注意。

50 正解

（問題文和訳）

あなたはどうして今になって着いたのですか？　ホテルはここから遠くありませんよ！

解説 副詞 "オ" は「やっと、ようやく」の意味。介詞 "离" は後ろに場所を伴って「～から、まで」の意味。遅 れた理由を述べているCを選択。

51 - 55

（選択肢和訳）

A	選ぶ	B	重要な	C　大通り
D	宿題	E	声	F　〜してこそ

51　正解 B

（問題文和訳）

仕事は［重要］ですが、仕事のために健康に影響を及ぼすことはあってはなりません。

解説　"虽然A，但是B" は「AではあるがB」の意味。"虽然" のすぐ前に主語 "工作" があるためAには形容詞が入るので、Bを選択。助動詞 "能" の否定形 "不能" は「〜してはならない、あってはならない」の意味。

52　正解 F

（問題文和訳）

あなたは真面目に復習［してこそ］、はじめてテストで良い成績をとることができるのです。

解説　"只有Aオ（能）B" は「Aをしてこそ、はじめてBができる」という慣用表現である。Fを選択。

53　正解 A

（問題文和訳）

9月8日の午前8時から、あなたがたはインターネットでクラスを［選べます］。

解説　"你们" が主語である。助動詞 "可以" は「〜ができる」の意味。"在网上" の "在" は介詞であり、後ろに場所を伴って「〜で」の意味。目的語である "课" は「クラス」の意味。（　）には動詞が入ることからAを選択。

54 正解 D

(問題文和訳)

黒板には今日の数学の［宿題］が書かれています。

解説 「動詞＋"着"」の形で動作の状態が続くことを表す。目的語 "今天的数学" に続けられるのは名詞のみ。話題が黒板や数学であることからも、学校に関連するものとしてDを選択。

55 正解 C

(問題文和訳)

この町の夜は大変静かで、［大通り］には誰もいません。

解説 「場所＋方向 "上"」で「〜には」の意味。名詞が入ることからCを選択。"什么〜都没有" は「どんな〜もまったくない」と否定を強調する慣用句である。

56 - 60

(選択肢和訳)

A　持つ／携帯する　　　B　パンダ　　　C　解決する

D　趣味　　　　　　　　E　かわいい　　F　近く

56 正解 C

(問題文和訳)

A：（店員に）すみませんが、ビールをもう2本お願いします。

B：もう飲まないでください！　お酒を飲んで問題が［解決］できますか？

解説 助動詞 "能" は「（条件として）〜ができる」の意味。後ろの目的語が "问题" であることから、意味的に対応する動詞であるCを選択。

57 正解 B

問題文和訳

A：あなたは動物園で［パンダ］を見ましたか？

B：いいえ。天気が大変暑かったので、（パンダたちは）みなエアコンのある部屋の中にいて出てきませんでした。

> **解説** "见到"は「動詞＋結果補語"到"」の形で、後ろには目的語として名詞が入る。"动物园"は「動物園」の意味。内容からB "熊猫"「パンダ」を選択。

58 正解 F

問題文和訳

A：会社の［近く］に地下鉄の駅がないのは本当に不便です。

B：そうですね。私は毎日、自転車に乗ってきています。

> **解説** 主語は"公司…地铁站"までだが、その中も「主語＋動詞＋目的語」で構成されている。（　）は"公司"と否定形"没有"の間にあるので、名詞句を作る修飾語を探す。Fを選択。

59 正解 A

問題文和訳

A：学校が始まって1週間が経ちましたが、あなたはなぜまだ学校の地図を［持ち］つづけているのですか？

B：学校はこんなに大きいので、私はいつも教室にたどり着けないのです。

> **解説** 副詞"还"と、動詞について動作が継続していることを表す"着"の間に（　）があるため、動詞を探す。Aを選択。

60 正解 E

問題文和訳

A：これは私の（父方の）祖父が私の誕生日にくれたプレゼントです。

B：本当に［かわいい］です！

> **解説** 「副詞"真"＋動詞／形容詞＋啊」で「本当に〜だ」の意味。Eを選択。

61 正解 A

（問題文和訳）

私の弟はやっと5か月になりました。まだ話すことはできませんが、お腹が空くとすぐ泣きます。ほら聞いてください、彼はきっとまたお腹が空いたのでしょう。

★ この話によると、弟は今どうしたのですか？

（選択肢和訳）

A 泣いているところだ　　B 口が気持ち悪い　　C 家に帰りたい

> 解説　"一～就…" で「～するとすぐに…」の意味なので、"一饿就哭" は「お腹が空くとすぐに泣く」となる。"又饿了"「またお腹が空いた」がこれを実際に証明していることからAを選択。"可能" は可能性がある推量の表現「おそらく、きっと」の意味。BやCは言及されていないので不適。

62 正解 C

（問題文和訳）

これは娘の宿題で、彼女が描いたのは我が家の猫です。ほら、見てください。下の方に一言書いてあります。「子猫よ、子猫。私は疲れたの。今日は私のことを起こさないでね。」

★ 彼らは：

（選択肢和訳）

A 子猫に魚を食べさせている

B 子供に絵の描き方を教えている

C 娘の宿題を見ている

> 解説　"作业" は「宿題」の意味。"你看"「ほら、見てください」と相手の視覚的な注意を促し、娘の描いた絵の宿題を見ながら絵の説明をしている。Cを選択。AやBは言及されていないので不適。

63 正解 A

問題文和訳

北京には名門校が多くあるばかりか、留学生も非常に多いです。ここに進学すれば、たくさんの国の友達と知り合いになれ、異文化を理解することができます。

★ 話し手が北京にいるのは、以下の理由ではない:

選択肢和訳

A 面接試験　　B 大学に進学する　　C 新しい友達と知り合う

> **解説**　★の文の質問が"不是为了"「〜のためではない」なので、本文の内容と合致しないものを探す。本文の"不但〜，而且…"は「〜だけでなく、さらに…」の意味。それを補足する内容が後半の"在这里"以降である。主語は"在这里上学"「ここに進学すること、ここで学ぶこと」、助動詞"可以"は「条件的に〜ができる」、"可以"を受ける動詞は"认识"と"了解"の2つ。本文では言及されていないAを選択。

64 正解 B

問題文和訳

ジョギングを終えると、老夫婦がベンチに座って談笑しているのをまた見かけました。その年配の女性は目が悪く、歩くのもままならないので、彼女の夫は彼女がずっと家にいるのはつまらないだろうと気遣い、それで、毎朝、彼女を連れて歩いているのでした。

★ その年配の女性は:

選択肢和訳

A 誰も興味を持っていない　　B 目が悪い　　C 毎日ジョギングに出かける

> **解説**　"阿姨"は自分の母親と同世代以上の女性のこと。ここでは老夫婦の妻を指す。"眼睛"は「目」の意味。本文にもあるBを選択。ジョギングをしているのは話し手であるため、Cは不適。Aは言及されていない。

65 正解 C

この「10元ショップ」の中のものはすべて10元です。あなたはお碗やお皿をいくつか買いたかったのではありませんか？　中に入って見てみましょう。それほどお金はかからないはずです。

★　この話によると、その店は：

（選択肢和訳）

A　店員がいない　　B　商品がすべて売り切れた　　C　お碗が1個10元だ

> （解説）"里面的东西都是十元钱"「中にあるすべてのものが10元」から、Cを選択。AやBは言及されていない。"十元店" は「10元ショップ」、"花钱" は「お金を使う」の意味。

66 正解 C

（問題文和訳）

妹は今年7歳で、ずっと自分の背が低すぎると思っていました。彼女は今年の誕生日の時に私に言いました。「お兄ちゃん、私はケーキを食べたらお兄ちゃんと同じくらい背が高くなるといいな。」

★　妹が自分に望むことは：

（選択肢和訳）

A　勉強を頑張る

B　ケーキを食べるのを控える

C　兄と同じように背が高くなる

> （解説）"太＋形容詞＋了" の形で「大変〜／〜すぎる」、"矮" は「身長が低い」の意味。対して、妹の発言の中で "跟你一样高"「あなたと同じように背が高い」と言っていることからCを選択。ここでの "你" は兄である話し手を指す。"A跟B一样…" は「AとBが同じぐらい…だ」の意味。

問題文和訳

私は空港で馬校長にばったり会いました。彼はかつて私が受けていた中国文化クラスの先生です。私が彼のそばを通った時、彼はすぐに私だと分かりました。先生は、あの当時私は授業でいつも一番前の席に座っていて、しかも私たちの国から中国に勉強しに来たのは私だけだったとおっしゃいました。

★ 馬先生は：

選択肢和訳

A 私を覚えていなかった

B 私に中国文化を教えたことがある

C ある国の学生を教えただけだ

> **解説** "遇到" は「偶然に会う」の意味。馬先生はかつての中国文化クラスの教師だったという記述があること、すぐに話し手に気づいて、かつての話し手の話が続くことからAやCは不適であり、Bを選択。"一下子" は「すぐに」の意味。

68 正解 **A**

問題文和訳

外は寒すぎるので、外で食事をする気がしなくなりました。やはり家で自分で麺を作って、簡単に食べましょう。

★ 話し手が決めたのは：

選択肢和訳

A 家で食事をすること

B 食事をするのをやめること

C レストランに行って麺を食べること

> **解説** "不想去外面吃饭了" は「外でご飯を食べる気がしなくなりました」の意味。その結果として "在家自己做个面"「自分で麺を作って食べる」からAを選択。"还是" は「やはり」の意味。

69 　正解 C

問題文和訳

私は友達のところから船を1艘借りました。中秋節の夜に私たちは船上で月見ができるので、きっと楽しいでしょう。

★ 　その船は：

選択肢和訳

A 　古くて小さい　　B 　新しく買ったもの　　C 　中秋節の準備のためのもの

> **解説** 　"一条船"は量詞"条"を伴い「1艘の船」の意味。この船から中秋節に"看月亮"「月見」をする予定であるためCを選択。"从朋友那儿借了"「友達のところから借りた」のでBは不適。Aは言及されていない。

70 　正解 C

問題文和訳

この場所は本当に素敵だね。青々とした空に、緑萌える草。それから小鳥が木の上でさえずっているよ。お母さん、私たちここにもう何日か泊まってもいい？

★ 　話し手は：

選択肢和訳

A 　とても情熱的だ　　B 　歌を習いたい　　C 　そこを気に入った

> **解説** 　「"真"+形容詞」で「本当に〜」と感情をこめて強調している。許可を尋ねる際に使う助動詞"可以"「〜してもいい」、"多住几天"「何日か多く泊まる」の意味から、Cを選択。AやBは言及されていない。

3 書 写

第**1**部分 | 問題 p.84

71 正解 请把桌子上的菜单给我看一下。

（ 和 訳 ）テーブルの上のメニューを取って私に見せてください。

解説 "请把"は「～を取ってください」の意味。"请"は文頭にしかこない。次に"把"が続くことから処置文を考える。"把"の後ろには名詞または名詞句が入るので"桌子上的"か"菜单"が続くが、接続助詞"的"は名詞が後ろにくるため"桌子上的菜单"の語順となる。最後に"给我看一下"を置いて完成。

72 正解 这种面包非常甜。

（ 和 訳 ）この種類のパンはとても甘いです。

解説 "面包"は「パン」のこと。指示代名詞の"这"があること、"种"は種類を表す量詞として考えると、"这种面包"と主語を作ることができる。あとは形容詞述語文と考えて"非常甜"を置けば完成。

73 正解 那辆车的车灯没关。

（ 和 訳 ）あの車のライトは消えていません。

解説 接続助詞"的"は2つの名詞を繋げるため、"那辆车的车灯"として主語を作る。"辆"は車に使う量詞である。続いて"没关"を置いて完成。動詞"关"は「閉める、オフにする」の意味。電気やライトを「消す」場合にも使う。

74 正解 我买了两条裤子。

（和　訳） 私はズボンを2着買いました。

解説　主語、動詞の順で"我买了"。目的語の候補としては"两条"「2着」と"裤子"「ズボン」が残るが、語順は「数詞＋量詞＋名詞」であることから"两条裤子"の順に置いて完成。この場合の量詞は"条"であり、長い物を数える時に使う。

75 正解 他对汉字的历史很感兴趣。

（和　訳） 彼は漢字の歴史にとても興味があります。

解説　"对…感兴趣"は「…に対して興味がある」の意味。"对…感兴趣"の前にはその主体を置く必要があり、"他"を冒頭に入れる。また"对"のすぐ後ろには「興味がある」対象が入り、ここでは"汉字的历史"「漢字の歴史」である。副詞の"很"は動詞か形容詞の前に置かれるので"很感兴趣"となり完成。

76 正解 分

歯磨きは普通3分間磨いてようやくきれいに磨くことができます。

77 正解 去

世界はこんなに広いので、私はほかの都市に行って見てみたいです。

78 正解 吃

この1袋のお米は10キログラムありますので、私たちは1か月食べることができます。

79 正解 生

マネージャーは急に怒り出して、話し声も大きくなっていきました。

80 正解 近

ここは黄河まで近く、ここから東に向かって800メートルも行けば着きます。

3級 第5回
解答・解説

聴 力 試 験・・・P.240 ~ P.258

読 解 試 験・・・P.259 ~ P.270

書 写 試 験・・・P.271 ~ P.273

例題の解答は P.14 ~ P.19 で紹介しています。

正解一覧

1. 听力

第1部分

1. C	2. B	3. E	4. F	5. A
6. B	7. D	8. E	9. C	10. A

第2部分

11. ×	12. ×	13. ✓	14. ✓	15. ✓
16. ×	17. ×	18. ✓	19. ×	20. ✓

第3部分

21. C	22. A	23. B	24. A	25. C
26. B	27. C	28. C	29. A	30. B

第4部分

31. B	32. C	33. B	34. B	35. C
36. B	37. A	38. A	39. C	40. B

2. 阅读

第1部分

41. B	42. D	43. F	44. C	45. A
46. B	47. A	48. E	49. C	50. D

第2部分

51. D	52. F	53. B	54. A	55. C
56. E	57. A	58. B	59. F	60. C

第3部分

61. B	62. A	63. C	64. C	65. B
66. A	67. A	68. C	69. A	70. B

3. 书写

第1部分
71. 那辆车的司机很年轻。
72. 这里的变化其实不大。
73. 水果蛋糕被谁吃了？
74. 前面的题比较简单。
75. 秋天是我最喜欢的季节。

第2部分

76. 回	77. 和	78. 习	79. 又	80. 发

1 听 力

| 第1部分 | 問題 p.88 ～ p.89 | 21K3Q5-1 |

1 正解 C

スクリプト

女：你这双皮鞋穿了好多年了。
男：对，这还是我们结婚那年你送给我的。

スクリプト和訳

女：あなたはこの革靴を何年も履いていますね。
男：そうですね。これも私たちが結婚した年にあなたが私にくれたものです。

2 正解 B

スクリプト

男：你怎么带了个这么大的行李箱？里面都放了什么？
女：除了衣服都是吃的，我怕在国外吃不习惯。

スクリプト和訳

男：なぜこんなに大きなスーツケースを持ってきたのですか？　中には何を入れましたか？
女：服以外はみんな食べ物です。私は海外での食事に慣れないのが心配なのです。

3 正解 E

スクリプト

女：这节目叫什么名字？
男：我也不知道，我也才看。

スクリプト和訳

女：この番組の名前は何というのですか？
男：私も知りません。今見たばかりだからです。

正解 **F**

> スクリプト

男：你家小狗真聪明。
女：是啊，它经常会帮我拿东西。

> スクリプト和訳

男：あなたの家の子犬は本当に賢いですね。
女：そうなんです。この子犬はいつも私に物を取ってくれます。

5 正解 **A**

> スクリプト

女：服务员，请给我们拿一下菜单。
男：不好意思，现在休息，您四点以后再来吧。

> スクリプト和訳

女：(店員に) すみませんが、ちょっとメニューを持ってきてください。
男：申し訳ありませんが、今は休憩中です。4時以降にまたお越しください。

6 正解 **B**

> スクリプト

男：张小姐，我能请你跳个舞吗？
女：当然可以，但我跳得很一般。

> スクリプト和訳

男：(女性の) 張さん、私と踊っていただけますか？
女：もちろんいいですよ。でも私の踊りは普通です。

7 正解 **D**

スクリプト

女：冰箱里有什么吃的吗？我饿了。
男：有昨天买的牛奶和面包，你看看面包还新鲜吗？

スクリプト和訳

女：冷蔵庫の中に何か食べる物はある？　私はお腹が空いちゃった。
男：昨日買った牛乳とパンがあるけれど、パンはまだ新鮮か見てみたら？

8 正解 **E**

スクリプト

男：才八点，你怎么就刷牙了？你准备睡觉了？
女：不是，我刚才喝了一杯饮料，太甜了。

スクリプト和訳

男：まだ8時ですが、どうして歯磨きをしているのですか？　寝る準備でもしているの
　　ですか？
女：いいえ。さっき飲み物を飲んだのですが、甘すぎたのです。

9 正解 **C**

スクリプト

女：你笑什么呢？
男：我在看一本故事书，太有意思了。

スクリプト和訳

女：あなたは何を笑っているのですか？
男：私は物語の本を読んでいるんだけど、大変面白いのです。

10 正解 **A**

男：我可能感冒了，今天不想去上班了。
女：身体比工作重要，不舒服就请假休息吧。

スクリプト和訳

男：私は風邪を引いたようなので、今日は出勤したくありません。
女：体は仕事より大切だから、調子が悪いなら休暇を取ってください。

11 正解 ✕

スクリプト

电影还有一个小时才开始呢，我们先去旁边的商店吃点儿东西，然后再回来吧。

スクリプト和訳

映画が始まるまでまだ1時間もあります。私たちはとりあえずそばのお店で何か食べてから戻ってきましょう。

(問題文和訳) ★ 映画が始まるまでまだ15分ある。

12 正解 ✕

スクリプト

他这次去上海是有急事，只住一个晚上，没时间和朋友们见面了。

スクリプト和訳

彼が今回上海に行くのは急用のためで、一晩だけの滞在だから、友人たちと会う時間はありません。

(問題文和訳) ★ 彼は友人と会うことにした。

13 正解 ✓

スクリプト

老李，同事这么多年，我还是第一次听你唱歌呢，没想到你唱得这么好，再来一个吧。

スクリプト和訳

李さん、長年の同僚でありながら、私は初めてあなたが歌うのを聞きましたよ。まさかこんなにお上手だとは思いもよりませんでした。もう1曲歌ってください。

(問題文和訳) ★ 李さんの歌は上手だ。

14 正解 ✓

スクリプト

遇到问题，先不要问是谁的错，想办法解决它才是最应该做的事。

スクリプト和訳

問題に遭遇したら、まず誰のせいかを問うのではなく、その解決策を考えることが最も
やるべきことです。

問題文和訳 ★ 問題に遭遇したら、まず解決策を考えるべきだ。

15 正解 ✓

スクリプト

学校北边是不是有几家宾馆环境比较好？我爸妈十月七号过来，我要给他们找个住的地方。

スクリプト和訳

学校の北側に環境が比較的良いホテルはいくつかありませんか？　私の両親が10月7日
に来るので、私は彼らが泊まるところ（宿）を探さなければなりません。

問題文和訳 ★ 話し手は環境の良いホテルを探したい。

16 正解 ✗

スクリプト

他每天起床后的第一件事，就是把今天要做的事情都写下来，然后认真地完成它们。

スクリプト和訳

彼が毎日起きてから最初にすることは、今日やらなければならないことをすべて書き出
すことです。それからそれらをきちんとやり遂げます。

問題文和訳 ★ 彼は毎日、起きてから必ずお茶を飲む。

17 正解 ✕

> **スクリプト**
>
> 文文是个非常可爱的女孩儿，我们是留学时认识的。读完大学后我回国了，她选择在国外工作。
>
> **スクリプト和訳**
>
> 文文はとてもかわいい女の子で、私たちは留学中に出会いました。大学を卒業した後で私は帰国しましたが、彼女は海外で働くことを選びました。

問題文和訳 ★ 文文は帰国して仕事をしている。

18 正解 ✓

> **スクリプト**
>
> 放心吧，我刚才上网查过了，下周去南京的票还有很多，不用这么着急买。
>
> **スクリプト和訳**
>
> 安心してください。私が先ほどインターネットで調べたところ、来週の南京行きのチケットはまだたくさんありますので、そんなに慌てて買う必要はありません。

問題文和訳 ★ 彼らはまだチケットを買っていない。

19 正解 ✕

> **スクリプト**
>
> 苹果和香蕉一共十八块五，我这儿只有十八块，你有五角钱吗?
>
> **スクリプト和訳**
>
> リンゴとバナナは全部で18元5角ですが、私は18元しか持っていません。あなたは5角（1角は1元の10分の1）持っていますか?

問題文和訳 ★ 話し手はあと5分（1分は1元の100分の1）必要だ。

第5回

246

20 正解 ✓

スクリプト

上一次考试弟弟没复习，所以考得一般。这次他花了很长时间准备，成绩比上次提高了很多。

スクリプト和訳

前回の試験で弟は復習していなかったので、成績は普通でした。今回は彼は長い時間をかけて準備したので、前回よりも成績が大きく伸びました。

問題文和訳 ★ 弟の成績はかなり良くなった。

21 正解 **C**

スクリプト

女：你上午来了吗？我怎么没看到你？
男：经理让我去银行办事了。
问：男的上午去哪儿了？

スクリプト和訳

女 ：あなたは午前に来ましたか？　私はどうしてあなたを見かけなかったのでしょう？
男 ：マネージャーが私を用事のために銀行に行かせたからです。
問題：男性は午前にどこへ行っていましたか？

選択肢和訳

A　ホテル　　B　空港　　C　銀行

22 正解 **A**

スクリプト

男：坐了六个小时的飞机，累坏了吧？
女：还好，我吃了点儿东西就睡觉了。
问：女的在飞机上做什么了？

スクリプト和訳

男 ：6時間のフライトで、すごく疲れたでしょう？
女 ：まあまあです。私は少し食べてすぐ寝ました。
問題：女性は飛行機の中で何をしましたか？

選択肢和訳

A　寝る　　B　音楽を聴く　　C　おしゃべりする

女：谢谢你把图书卡借给我用。
男：不客气，你下次需要时再问我借就可以。
问：女的问男的借什么了？

スクリプト和訳

　女　：私に図書館利用カードを貸してくれてどうもありがとう。
　男　：どういたしまして。この次必要なときはまた私に聞いてくれればすぐに貸しますよ。
問題：女性は男性に何を借りましたか？

選択肢和訳

A　辞書　　B　図書館利用カード　　C　ノート

24 正解 **A**

スクリプト

男：你好，五〇六房间没有热水，不能洗澡。
女：好的，您别着急，我马上叫人过去看看。
问：男的遇到了什么问题？

スクリプト和訳

　男　：こんにちは。506号室はお湯が出ないので、入浴ができません。
　女　：わかりました。慌てないでください。すぐに人を見に行かせます。
問題：男性はどんな問題にあいましたか？

選択肢和訳

A　お湯が出ない　　B　部屋が清掃されていない　　C　エアコンがつかない

25 正解 C

スクリプト

女：真奇怪，麦克学习汉语才两年，怎么这么了解中国？

男：你还不知道吧，他的妻子是中国人。

问：关于麦克，可以知道什么？

スクリプト和訳

女　：本当に不思議です。マイクは中国語を2年しか勉強していないのに、どうしてこんなに中国のことを知っているのですか？

男　：あなたはまだ知らないのですね。彼の奥さんは中国人です。

問題：マイクについて、何が分かりますか？

選択肢和訳

A　結婚して2年である

B　子供の頃から中国語を勉強している

C　中国を良く知っている

26 正解 B

スクリプト

男：我明天早上有个很重要的会议，可能不能送你去火车站了。

女：没关系，我自己坐出租车去。

问：男的明天为什么不能送女的？

スクリプト和訳

男　：私は明日の朝重要な会議があるので、あなたを（列車の）駅まで送ることができないかもしれません。

女　：大丈夫です。私は自分でタクシーに乗って行きます。

問題：男性は明日なぜ女性を送ることができないのですか？

選択肢和訳

A　脚が痛いから　　B　会議があるから　　C　復習をするつもりだから

27 正解 C

スクリプト

女：我打算换个电脑，下午和我一起去商店看看吧。
男：我们先在网上选一选，然后再去店里看。
问：男的是什么意思？

スクリプト和訳

　女　：私はパソコンを買い換えるつもりです。午後に私と一緒にお店に見に行きましょう。
　男　：私たちはまずはインターネットでちょっと選んでから、お店に見に行きましょう。
問題：男性が言っているのはどういう意味ですか？

選択肢和訳

A　歩くのが遅すぎる

B　他に助けてくれる人を探す

C　まずインターネットで選ぶ

28 正解 C

スクリプト

男：你终于来了，快进去吧，客人都到了。
女：对不起，路上车太多了，我来晚了。
问：女的怎么了？

スクリプト和訳

　男　：あなたはやっといらっしゃいましたね。さあお入りください。お客さんがお揃い
　　　　です。
　女　：すみません。道が渋滞していたので、遅れてしまいました。
問題：女性はどうしたのですか？

選択肢和訳

A　熱が出た　　　B　怒った　　　C　遅刻した

29 正解 A

> **スクリプト**
>
> 女：这个房子真不错，房间和洗手间都很大。
> 男：是不错，就是卖得太贵了。
> 问：男的认为那个房子怎么样？
>
> **スクリプト和訳**
>
> 女：この家は本当にいいですね。部屋もトイレも大きいです。
> 男：なかなかいいのですが、ただ売値が高すぎます。
> 問題：男性はその家をどう思っていますか？

選択肢和訳

A　値段が高すぎる　　　B　建物の階数が高すぎる　　　C　トイレが小さすぎる

30 正解 B

> **スクリプト**
>
> 男：太累了，我们休息一会儿再爬。
> 女：再努力一下，还有两百米就到上面了。
> 问：女的希望男的怎么做？
>
> **スクリプト和訳**
>
> 男：大変疲れたので、私たちは少し休んでからまた登りましょう。
> 女：あとちょっと頑張りましょう。あと200メートルで頂上ですよ。
> 問題：女性は男性にどうしてほしいと思っていますか？

選択肢和訳

A　食べすぎてはいけない　　　B　あと少し登る　　　C　子供にもっと関心を寄せる

🎧 21K3Q5-4

31 正解 B

スクリプト

男：您好，请问王老师在吗？
女：他去上课了，你是哪位？
男：我是他的学生，我有些问题想问王老师。
女：他上午应该不回办公室了，你中午再来吧。
问：关于王老师，可以知道什么？

スクリプト和訳

男　：こんにちは。お尋ねしますが王先生はいらっしゃいますか？
女　：彼は授業に行ってしまいましたが、あなたはどちら様ですか？
男　：私は王先生の生徒ですが、王先生に聞きたい質問がいくつかあります。
女　：彼は午前は事務室に戻らないはずですので、お昼にまた来てください。
問題：王先生について、何が分かりますか？

選択肢和訳

A　新聞を読んでいる　　B　事務室にいない

C　クレジットカードを返さなければならない

32 正解 C

スクリプト

女：晚上一起去听音乐会吧，朋友给了我两张票。
男：我不去了，我这几天晚上都要去医院。
女：怎么了？你生病了？
男：不，我爷爷住院了，我是去医院照顾他。
问：男的为什么不去听音乐会？

スクリプト和訳

女　：夜に一緒にコンサートに行きましょう。友達が私にチケットを2枚くれました。
男　：私は行かないことにします。ここ数日は夜は病院に行かなければなりません。
女　：どうしたのですか？　病気になりましたか？
男　：いいえ。（父方の）祖父が入院しているから、私が病院に看病に行っているのです。
問題：なぜ男性はコンサートに行かないのですか？

選択肢和訳

A　口の中が気持ち悪いから　　B　興味がないから

C　（父方の）祖父の看病をしなければならないから

33 正解 B

スクリプト

男：你怎么看起来又热又渴?
女：电梯坏了，我爬楼梯上来的。
男：电梯怎么突然坏了?
女：不知道，有人正在一楼检查。
问：女的为什么爬楼梯?

スクリプト和訳

男 ：あなたは暑くて喉が渇いているように見えますがどうしてですか?
女 ：エレベーターが故障しているので、私は階段を上がってきたのです。
男 ：なぜエレベーターが突然故障したのですか?
女 ：分かりません。誰かが1階を点検しているところです。
問題：女性はなぜ階段を上がったのですか?

選択肢和訳

A　運動したいから　　B　エレベーターが故障したから　　C　面白いと思ったから

34 正解 B

スクリプト

女：我手机不见了。
男：你刚才不是还用它查地图了吗?
女：是啊，但是现在找不到了。
男：别急，我给你打一下。
问：男的接下来要做什么?

スクリプト和訳

女 ：私の携帯電話が見あたりません。
男 ：あなたはさっき地図を調べるのに使っていませんでしたか?
女 ：はい。でも今は探しても見つかりません。
男 ：慌てないでください。私があなたにちょっと電話してみましょう。
問題：男性は次に何をしようとしていますか?

選択肢和訳

A　スカートの試着　　B　電話をかける　　C　ゲームをする

男：奶奶，照片上最中间这个女孩儿是张静。

女：张静？我记得你以前班上有个女孩儿也叫张静。

男：就是她，我们很久没见了，今天又遇到了。

女：有机会请她来家里玩儿。

问：男的和张静是什么关系？

スクリプト和訳

男　：（父方の）おばあちゃん、写真の真ん中にいるこの女の子が張静だよ。

女　：張静？　あなたの昔のクラスにも張静という女の子がいたのを覚えてるわ。

男　：それが彼女だよ。僕たちは長いこと会っていなかったけれど、今日偶然再会したんだ。

女　：機会があれば家に遊びに連れておいで。

問題：男性と張静はどんな関係ですか？

選択肢和訳

A　同僚　　B　隣人　　C　同級生

36 正解 **B**

スクリプト

女：你的脚怎么样了？去医院检查了吗？

男：检查过了，医生说没什么事。

女：以后打球一定要注意。现在脚还疼吗？

男：不疼了，但是我不能参加下周的篮球比赛了。

问：男的哪里不舒服？

スクリプト和訳

女　：あなたの足の具合はどうですか？　病院で検査を受けましたか？

男　：検査してもらいましたが、医者は大したことはないと言っていました。

女　：これから球技をする時には気をつけてくださいね。今も足は痛みますか？

男　：もう痛くないのですが、僕は来週のバスケットボールの試合には出られなくなりました。

問題：男性はどこの具合が悪いのですか？

選択肢和訳

A　顔　　B　足　　C　鼻

スクリプト

男：这么多东西，你打算怎么搬？
女：我找了个搬家公司，一会儿就到。
男：那还好，一会儿我也可以帮忙做点儿事情。
女：谢谢。
问：他们在说什么事情？

スクリプト和訳

男　：こんなにたくさんの物、あなたはどうやって運ぶつもりですか？
女　：私は引っ越し業者を見つけたので、もう少ししたら来ます。
男　：それはいいですね。少ししたら私も少しのことは手伝えます。
女　：ありがとう。
問題：彼らは何について話していますか？

選択肢和訳

A　引っ越し　　B　シャツを洗う　　C　宿題をする

38 正解 **A**

スクリプト

女：我一会儿去超市，你要带什么东西吗？
男：你去买什么？
女：家里鸡蛋和面条儿都没有了，米也没多少了。
男：那我也去吧，帮你拿东西。
问：他们要去哪儿？

スクリプト和訳

女　：私は少ししたらスーパーに行ってくるけれど、何か買いたい物はありますか？
男　：あなたは何を買うつもりですか？
女　：家には卵も麺もなくなってしまったし、お米も少ししかありません。
男　：じゃあ私も行きましょう。荷物を持つのを手伝います。
問題：彼らはどこに行くつもりですか？

選択肢和訳

A　スーパー　　B　公園　　C　カフェ

スクリプト

男：奇怪，我那条蓝裤子呢?

女：你上午买的那条吗?

男：对。你看见了吗? 我买回来就放在这个椅子上了。

女：我刚才放到洗衣机里洗了。

问：裤子现在在哪里?

スクリプト和訳

　男　：おかしいですね。私のあの青いズボンはどこですか?

　女　：あなたが午前に買ったあれのことですか?

　男　：そうです。あなたは見かけましたか?　私は買って帰ってきてすぐにこの椅子の
　　　　上に置いておいたのですが。

　女　：私はさっき洗濯機の中に入れて洗いました。

問題：ズボンは今どこにありますか?

選択肢和訳

A　椅子の後ろ　　　B　テーブルの下　　　C　洗濯機の中

40 正解 **B**

スクリプト

女：快帮我找一个大花瓶。

男：你怎么买了这么多花儿?

女：同事送的。你忘了? 今天是我的生日。

男：当然没忘，我也给你准备了礼物。

问：关于女的，可以知道什么?

スクリプト和訳

女 ：早く大きな花瓶を探してください。

男 ：あなたはどうしてこんなにたくさん花を買ったのですか？

女 ：同僚が贈ってくれたのです。忘れましたか？　今日は私の誕生日です。

男 ：もちろん忘れていません。私もあなたにプレゼントを用意しました。

問題：女性について、何が分かりますか？

選択肢和訳

A　お皿が必要　　B　今日は誕生日　　C　プレゼントを買うのを忘れた

2 阅 读

41 - 45

選択肢和訳

A 彼女のご主人と娘さんも一緒に行くでしょう。

B 左側の小さいポーチの中にあります。

C そうですね。この数年来、彼女はずっとこんなに痩せています。

D 最近は忙しすぎて、トレーニングをする時間もありません。

E もちろんです。まずはバスで移動して、それから地下鉄に乗り換えます。

F はい。彼にどう話せばよいか私はまだ考えがまとまっていません。

41 正解 B

問題文和訳

あなたのパスポートは？

> **解説** "护照" は名詞の「パスポート」の意味。名詞のすぐ後に語気助詞 "呢" をつけると所在を尋ねる疑問文となる。場所を答えているBを選択。

42 正解 D

問題文和訳

去年の冬はあなたがジョギングしているのをよく見かけましたが、どうして今はジョギングしなくなったのですか？

> **解説** "怎么" はここでは理由を尋ねる疑問詞である。いつもジョギングしていたのにしなくなった理由 "最近太忙了"「最近は忙しすぎる」、ジョギングに関する "锻炼"「運動する、体を鍛える」が入っているDを選択。

43 正解 F

(問題文和訳)

あなたはこのことをまだ息子さんに話していないのですか?

解説 "还没〜" は「まだ〜してない」、"告诉" は「話す、告げる」の意味。解答群に "还没〜" と "讲"「話す」があり、また "他" が "儿子" を指していることも分かるので、Fを選択。

44 正解 C

(問題文和訳)

王さんはやはり以前と同じく何も変わっていません。

解説 "跟〜一样"「〜と同じ」、"没什么变化" で「何も変わりない」の意味。"一直都〜"「ずっと〜だ」、"瘦"「痩せている」からCを選択。

45 正解 A

(問題文和訳)

張おばさんは今年の夏、北京に行って勤務することになりました。

解説 "就要〜了" は「〜することになった」の意味。"阿姨" は自分の母と同世代以上の女性への呼称であり、答えに "她"「彼女」、"会一起过去"「一緒に行くでしょう」とあるAを選択。"会一起过去" の "会" は未来の可能性を示す助動詞。

46 - 50

選択肢和訳

A　遠すぎるので、私もはっきりと見えません。

B　では私に彼を紹介していただけますか？

C　はい。まだ29歳だそうで、初めは私も信じられませんでした。

D　大丈夫です。それを冷蔵庫の中に入れておけばいいです。

E　彼は妹さんを待っているのですよ。彼は妹さんがこのお店を見つけられないのではないかと心配しています。

46　正解 B

問題文和訳

私と万朋は知り合って十数年が経ちますので、私は彼のことをよく理解しています。

> **解説**　"了解"は「よく知っている、理解している」の意味。会話のやりとりで文頭に"那么说"や"那么"、またその省略形の"那"がある場合、直前に話していることを受けて「では、じゃあ」という意味になる。Bを選択。介詞"向"は「～に」の意味。よく知っているので私に"介绍"「紹介して」ほしいと言っている。

47　正解 A

問題文和訳

黒板の一番右側に書いてあるのは何という字ですか？

> **解説**　"什么字"は「何という字、どんな字」の意味。何が書かれているかを尋ねている。Aを選択。"太＋形容詞＋了"の形で「大変～／～すぎる」、"看不清楚"「動詞"看"＋可能補語の否定"不清楚"」で、「はっきりと見えない」の意味。

48 正解 **E**

（問題文和訳）

おじさんはどうして入口の外に立っていて、中に入ってこないのですか?

（解説） "叔叔" は男性なので、三人称単数の男性を表す "他"「彼」の話題を探す。"找不到〜" は「〜を（探しても）見つけられない」の意味。Eを選択。

49 正解 **C**

（問題文和訳）

あの若者は本当に私たちの新しい校長先生ですか?

（解説） "年轻人" は「年の若い人」のこと。年齢を話題にしていることに着目する。Cを選択。"听说〜" は「聞くところによると〜、〜によれば」の意味。

50 正解 **D**

（問題文和訳）

このスイカは十数キログラムあるので、食べ終わらないうちに腐ってしまいます。

（解説） "吃不完" は「動詞＋"不"＋結果補語 "完"」の形の可能補語であり、「食べ終わらない」の意味。"坏" は「壊れる、悪くなる」の意味。"西瓜" は「スイカ」であることから、"放在冰箱里"「冷蔵庫の中に入れておく」とあるDを選択。

51 - 55

選択肢和訳

A	同意する	B	辞書	C	閉じる、(電源を) 切る
D	怖い	E	声	F	ほかの

51 正解 D

問題文和訳

弟は2年生になりましたが、彼はやはりまだ知らない人の前で話をするのが［怖い］です。

解説 "虽然~,但…" は「~だけれども、しかし…」の表現。副詞 "还是" は「やはり」の意味。副詞 "很" の後ろには動詞か形容詞が入る。Dを選択。

52 正解 F

問題文和訳

教室の中にどうしてあなただけいるのですか？ ［ほかの］人は？

解説 "怎么" は理由を問う疑問詞で「どうして、なぜ~」の意味。"只有~" は「~だけ」の意味。前の文を受けて、"其他"「ほかの人」はどうしたのか尋ねている。Fを選択。

53 正解 B

問題文和訳

この古い［辞書］は私の中国語の勉強に役立っています。

解説 主語 "这本…" の中に量詞 "本" があり、続く語句には書物などの名詞がくるので、Bを選択。形容詞 "旧" は「古い」の意味。

54 　正解 A

問題文和訳

私はあなたの考えが分かっていますが、あなたがこのようにすることには［同意］しません。

> **解説**　"明白" は「分かる、理解する」。一方で逆接の接続詞 "但是"「しかし」が続くので、行為には「同意はできない」という流れとなる。否定詞 "不" の直後には動詞が入ることからAを選択。

55 　正解 C

問題文和訳

トイレの明かりを［切って］もらえませんか？

> **解説**　"请帮我～" は「～をしてくれませんか」の意味。"一下" は動詞の後ろについて「ちょっと～する」の意味であるため動詞が入る。Cを選択。明かりの場合、動詞 "关" は「（電源を）切る/消す」の意味。

56 - 60

選択肢和訳

A　もし　　　　B　見つける　　　C　メートル（長さの単位）
D　趣味　　　　E　特に　　　　　F　心配する

56 　正解 E

問題文和訳

Ａ：この店の羊肉は［特に］おいしいです。早く食べてみてください。

Ｂ：はい。見たところおいしそうですね。

> **解説**　形容詞句 "好吃"「おいしい」の程度を修飾できる副詞Eを選択。

57 正解 A

問題文和訳

A：ちょっと待ってください。これはあなたの鉛筆ですか？

B：そうです。ありがとう！ ［もし］あなたが言ってくれなかったら、私はきっとここに忘れていたところです。

> **解説** "会" は推量を表す助動詞で、「～だっただろう、～していたところだ」という意味。前に置かれる節は、仮定を表すことからAを選択。

58 正解 B

問題文和訳

A：この写真館は本当に安いです。あなたはどうやってここを［見つけた］のですか？

B：私は毎日通学でここを通るのです。

> **解説** "怎么" は方法、手段を尋ねる疑問詞で、「どうやって～」の意味で後ろには動詞が入る。"发现" は「見つける」の意味で、Bを選択。"经过" は「通り過ぎる」の意味。

59 正解 F

問題文和訳

A：雪がだんだん激しくなってきましたが、午後に飛行機は飛べるでしょうか？

B：分かりません。私も［心配しています］。

> **解説** "越A越B" は「AすればするほどB」の意味。"下雪" で「雪が降る」の意味だが、ここでは "雪" が主語となって "越下越大"「だんだん激しく降る」となり、文末の "了" は変化を表すことから「だんだん激しくなってきた」となる。副詞 "很" の後ろには形容詞か動詞が入ることからFを選択。

60 正解 C

問題文和訳

A：お尋ねしますが、北京駅へはどう行きますか？

B：前の交差点を東の方に進んで、さらに1,000［メートル］行けば着きます。

> **解説** 数詞の後ろに単位を置く。"米" は「メートル」の意味。Cを選択。

61 正解 **B**

問題文和訳

我が家の南側に小さな公園があります。公園の中にはたくさんの草花があり、たくさんの大きな木もあり、きれいで静かです。私はいつも晩ご飯を食べた後、そこに行って歩きます。

★ この話によると、その公園は：

選択肢和訳

A 動物が極めて多い B 多くの木がある C 黄河の西にある

> **解説** "极多"は「極めて多い」の意味。動物や黄河については書かれていないのでAとCは不適。"还有很多大树"「たくさんの大きな木もある」からBを選択。

62 正解 **A**

問題文和訳

今朝、私は帽子をタクシーに忘れてしまいました。それに気づいた時は焦って泣きそうになりましたが、それは私が一番気に入っている帽子だったからです。思いもよらないことに、そのタクシーの運転手が気づいて、帽子を学校の校門まで届けてくれました。

★ 帽子が見当たらないことに気づいて、話し手は：

選択肢和訳

A 泣きそうになった B 先生に言った C また新しいものを買った

> **解説** "那时"「その時」とは、タクシーに帽子を忘れたと気づいた時のこと。本文にもある通りAを選択。BやCは言及されていない。

問題文和訳

彼女は夏さんです。彼女が店に来てからそれほど長くありませんが、お客さんに対して親切で、サービスの仕事がどうしたらうまくできるかをよく理解しているので、皆彼女のことが大好きです。

★ 夏さんについて、何が分かりますか?

選択肢和訳

A 髪が短い B 背が低い C 人に親切だ

> **解説** "热情" は名詞では「情熱」を指すが、形容詞では「心がこもっている、親切だ」という意味。介詞 "对" は「~に対して」という意味。"对客人很热情" で「お客様に対して親切だ」となりCを選択。AやBは言及されていないので不適。

64 正解 C

問題文和訳

王さん、あなたの弟さんは仕事が見つかりましたか? 私たちの会社は最近、ジャーナリズム専攻の方を1名、急ぎで必要としています。彼はジャーナリズム専攻ではありませんでしたか? もし彼が希望されるなら、私の会社で働くのを歓迎しますよ。

★ 王さんの弟は何を学びましたか?

選択肢和訳

A 数学 B 歴史 C ジャーナリズム

> **解説** "新闻" は「ニュース、ジャーナリズム」のこと。"不就是~吗?" は反語の表現で、「~ではないか(いや、そうである)」の意味。よってCを選択。AやBは言及されていない。

65 正解 B

（問題文和訳）

昨日、私と兄は最初は文化祭に行こうと思いましたが、家を出てほどなくして、強風が吹きはじめたので、結局私たちは新しく開店した本屋に行き、午前中ずっとそこで本を読んでいました。

★　彼らはどうして文化祭に行かなかったのですか？

（選択肢和訳）

A　傘を持っていなかったから

B　天気が良くなかったから

C　時間の都合が悪かったから

> （解説）本文の "但是" 以降に答えがある。「"多"＋形容詞」で「どれぐらいの〜」という意味であり、"多久" は「どれぐらいの時間」となり、否定形 "没" があるため「どれほども時間が経っていない、ほどなくして」となる。"刮起" は「動詞＋方向補語」の形を取っており、ここでの "起" は「〜しはじめる」の意味で、"刮起了大风" で「強風が吹きはじめた」となる。よってBを選択。AやCは言及されていない。

66 正解 A

（問題文和訳）

幼い頃に両親が私に世界地図に載っている国を見知ることを教えてくれた時、私は大きくなったらこれらの所を見て回りたいと思っていました。今では時間があればすぐ旅行に出かけていて、すでにたくさんの国に行ったことがあります。

★　話し手は今よく：

（選択肢和訳）

A　海外に出かけている　　B　サッカーをしている　　C　ビールを飲んでいる

> （解説）★の文で "现在"「今」のことを聞かれているので、本文も "现在" 以降の文に着目する。"一A就B" は「AすればすぐにB」という慣用表現。"已经〜了" は「すでに、もう〜した」の意味。「動詞＋"过"」で「〜したことがある」という過去の経験を表すことからAを選択。BやCは言及されていない。

67 正解 A

問題文和訳

仕事をするようになれば、あなたは、仕事の環境と同僚との関係はとても重要なものだと気づくでしょう。良い仕事の環境は、あなたをもっとやる気にさせるでしょう。また、同僚との良い関係は、あなたをたくさん助けてくれるとともに、あなたの気分をより楽しいものにしてくれるでしょう。

★　同僚との良い関係は、人を：

選択肢和訳

A　楽しい気分にしてくれる　　　B　注意深くさせる　　　C　離れたくさせる

> **解説**　★の文で"好的同事关系"「同僚との良い関係」と聞かれているので、本文でも同じ箇所を探す。"能给你很多帮助"「あなたをたくさん助けてくれる」、"会让你更快乐"「あなたの気分をより楽しいものにしてくれる」の2つが該当し、Aを選択。BやCは言及されていない。

68 正解 C

問題文和訳

姉は絵を描くのがとても好きで、きれいな物や面白い物を外で見かけるたびに、ほとんど毎回写真を撮ってきては、家に帰って絵を描きはじめます。

★　姉は：

選択肢和訳

A　有名だ　　B　わりと太っている　　C　絵を描くのが好きだ

> **解説**　冒頭に"非常喜欢画画儿"「絵を描くのがとても好き」とある。"几乎"は「ほとんど」の意味。Cを選択。

69 正解 **A**

（問題文和訳）

お昼に私はちょうど部屋で寝ていたところ、突然外で物音が聞こえたので、出て行って見てみると、家の中に緑色の小鳥が1羽、飛び込んできていることに気づきました。

★ 話し手は何に気づきましたか？

（選択肢和訳）

A　1羽の小鳥　　　B　食器がなくなった　　　C　子猫が魚を食べている

（解説）"发现了"「見つけた」のは "一只绿色的小鸟"「1羽の緑色の小鳥」のことなので、Aを選択。"只" は鳥などの動物を数える量詞である。Bの "碗筷" は「茶碗と箸」であることから食器一般を指すが言及されておらず、Cも本文と関係ないので不適。

70 正解 **B**

（問題文和訳）

週末に私はいつも友達と近くの都市に遊びに行きます。これらの都市は家から近いので、私たちは普段、自転車で行きます。こうすれば旅行しながら体を鍛えることができます。

★ それらの都市は：

（選択肢和訳）

A　馬に乗ることができる　　　B　家から遠くない　　　C　大通りがきれいではない

（解説）介詞 "离" は「～から、まで」という意味で、"离家近" は「家から近い」となる。Bを選択。AやCは言及されていないので不適。

3 书 写

第1部分 | 問題 p.100

71 正解 **那辆车的司机很年轻。**

和 訳 あの車の運転手は若いです。

解説 接続助詞 "的" は名詞が続くので "那辆车的司机" として主語を作る。形容詞述語文と考えて "很年轻" をつけて完成。

72 正解 **这里的变化其实不大。**

和 訳 ここの変化は実はそれほど大きくありません。

解説 問題71と同様、接続助詞 "的" は名詞が続くので "这里的变化" として主語を作る。形容詞述語文と考えて "其实不大" をつけて完成。副詞 "其实" は「実は、実際には」の意味。否定 "不" がある場合はその前に置いて後ろを修飾する。

73 正解 **水果蛋糕被谁吃了？**

和 訳 フルーツケーキは誰に食べられましたか（誰が食べましたか）？

解説 介詞 "被" があることから受け身文を考える。「A＋"被"＋B＋動詞＋その他の成分」の形で、「AはBに〜される」の意味。動詞が "吃" しかないので、動作主にあたるBには疑問詞 "谁" が入り、Aは "水果蛋糕" となる。疑問文になるので文末に「？」をつけて完了。

74 正解 前面的题比较简单。

（ 和　訳 ）前の問題は比較的簡単です。

解説 問題71、72と同様、接続助詞 "的" は名詞が続くので "前面的题" として主語を作る。"比较" は副詞で「比較的、わりと」の意味で、後ろには動詞か形容詞が入る。形容詞 "简单" を置いて形容詞述語文を作って完成。

75 正解 秋天是我最喜欢的季节。

（ 和　訳 ）秋は私の最も好きな季節です。

解説 "秋天是" と動詞 "是" があることから、"A是B"「AはBである」の文を作ることを考える。Aは "秋天" となる。Bの述部は、まず接続助詞 "的" のある "最喜欢的" の後ろに名詞 "季节" を置いて "最喜欢的季节" とし、"最喜欢" の主体である "我" を "最喜欢的" の前に置いて完成。

76 正解 回

（ 和 訳 ）

果さんの答えを聞いて、私は満足げに笑いました。

77 正解 和

（ 和 訳 ）

パンダの目と耳はすべて黒いです。

78 正解 习

（ 和 訳 ）

彼は自分への要求が高く、毎日水泳の練習をするだけでなく、必ずジョギングにも行きます。

79 正解 又

（ 和 訳 ）

さっきはずっと曇っていましたが、突然雨が降り、今はまた晴れになりました。

80 正解 发

（ 和 訳 ）

あなたは誰にＥメールを送っているのですか？

深圳大学 東京校 3つの特徴

特徴 1

日本にいながらにして中国有名総合大学の学士を取得

日本にいながらにして中国四大都市の一つで、アジアのシリコンバレーと呼ばれる深圳の有名総合大学の深圳大学の学士を取得可能です。中国の大学の学士となりますが、日本の大学の学士とほぼ違いはなく、本学で学士取得後、日本国内の大学院への進学や、他大学との単位交換なども可能です。　＊文部科学省へ外国大学等の日本校としての指定を申請中（2023年4月現在）

PICK UP!　**深圳大学は、世界大学ランキングでも高い評価を得ています**

比較　U.S.News大学ランキング

深圳大学
世界で
271位

200位以上の差！

600 ── 500
　　　── 日本のトップ私立大学

特徴 2

中国語プラスαの能力を身につけることが可能

深圳大学現地から派遣された中国人講師が初心者にもわかる中国語を直接授業。副専攻として、経営管理やイノベーションなどについて学ぶ経営学、プログラミング、クラウド管理等を学ぶ情報コミュニケーション学を選択可能。中国語だけでなく、＋αの実践的な能力を身につけた、中国語人材の中でも競争力のある人材を育成します。

特徴 3

HSK保持者に対する豊富な奨学金、最短2年で卒業可能

HSK保持者には最大24万円の奨学金がでます。また、HSK上位級の早期取得且つ成績優秀者は飛び級が可能で、最短2年で卒業できます。

深圳大学 東京校　卒業後の進路

深圳大学 東京校で中国語をマスターすれば、中国系企業への就職や大学院進学など、中国語を活かしたさまざまな進路を目指すことができます。
1. 観光、貿易、金融、IT業界等の日系企業や今後増えていく中国系企業への就職
2. 中国系グローバル企業への就職
3. 深圳大学大学院（中国語文学／経営学専攻／金融IT専攻）への進学

本書は、株式会社スプリックスが中国教育部中外語言交流合作中心の許諾に基づき、翻訳・解説を
行ったものです。日本における日本語版の出版の権利は株式会社スプリックスが保有します。

中国語検定 **HSK**公式過去問集**3**級　［**2021**年度版］

2021 年 12 月 10 日　　初版　第 1 刷 発行
2023 年 11 月 20 日　　初版　第 2 刷 発行

著　　　　　者：問題文・音声 中国教育部中外語言交流合作中心
　　　　　　　　翻 訳・解 説 株式会社スプリックス
編　　　　　者：株式会社スプリックス
発　行　　者：常石 博之
Ｄ　　Ｔ　　Ｐ：株式会社インターブックス
印 刷・製 本：広研印刷株式会社
発　行　　所：株式会社スプリックス
　　　　　　　〒171-0021　東京都豊島区西池袋1-11-1
　　　　　　　　　　　　　メトロポリタンプラザビル 12F
　　　　　　　TEL 03 (5927) 1684　　FAX 03 (5927) 1691　　Email ch-edu@sprix.jp

落丁・乱丁本については、送料小社負担にてお取り替えいたします。
SPRIX Inc. Printed in Japan　　ISBN978-4-906725-48-9

HSK日本実施委員会 公認

S P R I X